LA
TAPISSERIE

Couverture

- Maquette:
  LÉO CÔTÉ
- Photo:
  PAUL GÉLINAS

Maquette intérieure

- Conception graphique:
  MARC PELCHAT
- Photographe:
  PIERRE LANGLOIS

  Agrandissement et finition des photos Liz Grambart:
  International Studio, Hazeldean, Glen Cairn Ont.

DISTRIBUTEURS EXCLUSIFS:

- Pour le Canada
  AGENCE DE DISTRIBUTION POPULAIRE INC.,
  955, rue Amherst, Montréal 132, (514/523-1182)
- Pour l'Europe (Belgique, France, Portugal, Suisse,
  Yougoslavie et pays de l'Est)
  VANDER S.A. Muntstraat, 10 — 3000 Louvain, Belgique
  tél.: 016/204.21 (3 lignes)
- Ventes aux libraires
  PARIS: 4, rue de Fleurus; tél.: 548 40 92
  BRUXELLES: 21, rue Defacqz; tél.: 38 69 73
- Pour tout autre pays
  DÉPARTEMENT INTERNATIONAL HACHETTE
  79, boul. Saint-Germain, Paris 6e, France; tél.: 325.22.11

**Nichole B.-Langlois
Thérèse-Marie Perrier**

LA
TAPISSERIE

LES ÉDITIONS DE L'HOMME*

CANADA: 955, rue Amherst, Montréal 132
EUROPE: 321, avenue des Volontaires, Bruxelles, Belgique

* Filiale du groupe Sogides Ltée

2

LES ÉDITIONS DE L'HOMME LTÉE
TOUS DROITS RÉSERVÉS
Copyright, Ottawa, 1974

Bibliothèque nationale du Québec
Dépôt légal — 2e trimestre 1974

ISBN-0-7759-0418-X

SOMMAIRE

Nous tenons à remercier tous ceux qui
ont collaboré de près ou de loin à
la réalisation de ce projet.

TAPISSERIES ET
ACCESSOIRES:

Paul M. Bégin
Aline Carrière
Sylvie Langlois
M. et Mme Jacques Laverdure
Dr et Mme Jules E. Lemay
Jeanne Schultz
Irmgard Thiele
Hélène Trépanier
Marcelle Vincent

DOCUMENTATION:

Monique Perrier
Elaine Van Zanten

CORRECTION DE TEXTE:
ENTHOUSIASME:
ENCOURAGEMENT:

Yves Robidoux
Nos étudiantes
Nos maris et enfants

Thérèse-Marie Perrier
Nichole B. Langlois

Avant-propos

L'Art de la tapisserie poinçonnée au crochet est tellement ancien qu'on ne peut déterminer exactement son origine. A Ottawa, une nouvelle technique a été mise au point. Après avoir formé des moniteurs aptes à enseigner cette forme d'expression artistique, le Service de l'Education permanente du Conseil scolaire d'Ottawa a offert au grand public des cours de Création de Tapisseries originales. Depuis 1971, plus de huit cents personnes s'y sont inscrites. A notre connaissance, il n'existe aucun autre cours de ce genre ailleurs.

Afin de promouvoir et d'encourager la création de tapisseries une association a été fondée. Les membres de cette organisation peuvent soumettre leurs œuvres à un comité de sélection, en novembre chaque année, et trente-cinq des tapisseries jugées les meilleures sont exposées au mois de janvier suivant dans le Salon du Centre national des Arts. Jusqu'à ce jour, il y a eu quatre expositions parrainées par le Musée national de l'Homme et le Conseil scolaire d'Ottawa, soit en 1971, 1972, 1973 et 1974. En outre, l'Association des Artisans-créateurs de tapisseries, conjointement avec d'autres groupes préparent d'autres expositions. Récemment, l'exposition de 1973 à l'« Ottawa Little Theatre », fut couronnée de succès; cette exposition deviendra probablement annuelle. L'Association espère exposer dans d'autres villes canadiennes dans un avenir rapproché.

Toute personne souhaitant faire partie de l'Association peut devenir membre et soumettre ses œuvres au comité de sélection. Aux réunions de l'Association, les membres bénéficient de causeries, films, démonstrations, ateliers sur tous sujets connexes ou d'intérêt général. Plus de cent cinquante personnes assistent à ces réunions chaque année.

Jusqu'ici, aucun manuel du genre n'a été publié en français. L'Association aimerait exprimer son appréciation et sa reconnaissance aux auteurs. Grâce à cette nouvelle forme de création artistique, débutants et experts du poinçonnage au crochet peuvent maintenant, à leur grand plaisir et satisfaction, créer des tapisseries dignes de côtoyer toutes autres œuvres d'art.

Pour de plus amples renseignements sur l'Association, faites parvenir vos demandes à:

L'Association des Artisans-créateurs de Tapisseries
a/s Tapestry Gallery
273, rue Bank
Ottawa, Ontario
K2P 1X5
Téléphone: 1-613-238-1204

Prinnie Fraser,
Fondatrice des cours de Création
de Tapisseries originales,
Présidente de l'Association des
Artisans- créateurs de Tapisseries.

Introduction

Le XXe siècle, siècle de l'automatisation, est néfaste à quiconque est enclin à la paresse. Vous le constatez vous-même, on a tout cuit dans le bec: on pousse un bouton et la vaisselle se lave; on utilise des mélanges à gâteaux; on sert à sa famille des repas congelés; on achète, par téléphone, des vêtements qu'on livre à notre porte; on n'a même plus besoin de sortir pour se distraire, car la télé remplace le cinéma. Par le fait même, on s'enlise dans l'inaction et la trousse de loisir devient très populaire chez les personnes qui, du moins le croient-elles, sont dépourvues d'imagination.

Il semble toutefois qu'une réaction s'amorce et qu'on veuille surmonter ce manque d'enthousiasme; on veut exprimer son goût et affirmer sa personnalité en réalisant quelque chose de son cru. Et déjà déferle une nouvelle vague de créations artistiques. L'inspiration donne naissance à la conception de dessins qui, à leur tour, mènent à l'exécution d'œuvres uniques en leur genre.

L'ère de la copie est désuette. Si on désire une photographie, on n'a qu'à se servir d'une caméra. Avez-vous déjà vu une dame arriver à une soirée vêtue d'une toilette supposément exclusive et se retrouver face à face avec son sosie? Elle voudrait se voir dix pieds sous terre ou retourner chez elle . . . On se lasse rapidement d'avoir un intérieur stéréotypé; il en est de même pour ses possessions. Avec le temps, se développent un besoin de personnalisation puis un sentiment de satisfaction et de fierté pour ses réalisations. C'est alors la fin de la trousse, car le sentiment d'avoir confectionné une pièce originale est fantastique.

Si par hasard, vous ne vous sentez pas en verve de créer, si vous croyez ne pas avoir assez d'imagination ou si vous en êtes à vos premières armes dans la composition, que cela ne vous empêche pas d'aller de l'avant et de tenter de réaliser une tapisserie. Vous n'avez qu'à feuilleter ce livre et à puiser parmi les exercices suggérés, destinés à développer l'acuité visuelle, le sens artistique et la composition. Il vous sera alors impossible de ne pas arriver à produire une pièce qui exprime votre personnalité.

De la création du dessin à son exécution en tapisserie, le présent manuel est riche de renseignements; il renferme, en plus des exercices d'acuité visuelle, les rudiments de l'art (à savoir: ses éléments de base, la composition et la couleur), un éventail de méthodes de teinture, des exercices de composition, de même que la technique des divers points de tapisserie. C'est un abrégé d'un cours d'art général adapté à la tapisserie, mais qui peut aussi intéresser les débutants à d'autres formes d'expression artistique, telles l'huile, l'aquarelle, le pastel, etc... Il y a tellement à découvrir et à apprendre!

Mais au fait, qu'est-ce qu'une tapisserie? Selon Quillet, c'est un ouvrage fait à l'aiguille ou au métier sur du canevas avec de la laine, de la soie, etc. En tant que pièce murale, elle peut être ou bien tissée, ou bien poinçonnée ou crochetée au travers d'un tissu. Comme la tapisserie tissée existe depuis presque toujours, nous voulons, par ce volume, vous initier plutôt à la création de murales poinçonnées au crochet simple ou courbé, crochet à clenche, poinçon à têtes interchangeables ou aiguille, courbée ou non, à bout rond. Comme matière première, nous utilisons de la flanelle de laine taillée en bandelettes plus ou moins larges, de la laine en écheveau, naturelle ou synthétique, de la laine à tapis, etc... selon l'imagination de l'artisan créateur.

Il ne suffit plus d'exécuter des trousses ou de reproduire en tapisserie des cartons d'artistes connus; il s'agit plutôt de « penser » tapisseries et d'en créer.

Et maintenant au travail et bon succès!

1 - Historique

L'art de la tapisserie ne date pas d'hier. En effet, on a découvert dans les tombeaux d'Egypte des vestiges de vêtements et de tapisseries qui, selon les experts, remontaient à plus de 1,400 ans avant Jésus-Christ.

En Amérique, les débuts sont assez flous; si l'on en croit les découvertes archéologiques au Pérou, on se serait abondamment inspiré du culte tout en faisant fort usage de lignes diagonales, de rectangles, de losanges et de motifs chevron et cela, plus de 600 ans avant Jésus-Christ (1).

Longtemps les mots tapis et tapisseries ont été synonymes, ce qui provoqua d'étranges confusions qui subsistent encore parfois. Soit dit en passant, tapis et tapisseries étaient d'abord et avant tout fonctionnels. Au Moyen-Age, ils servaient non seulement à ajouter couleur et beauté aux pièces qu'ils ornaient, mais la laine aidait à conserver la chaleur à l'intérieur des châteaux.

C'est en Orient que l'on trouve les origines, peu connues d'ailleurs, des tapisseries de pieds, tapis veloutés, bouclés ou noués. Les tapissiers sarrasins qui confectionnaient des tapis de boucles de laine longues avec une technique voisine des techniques orientales, les auraient importés en Europe. Faute de documents et d'œuvres anciennes, on croit que les tapisseries à boucles ou nouées n'ont pas vu le jour avant le XVIIe siècle.

Roger Armand Weigert mentionne les étapes d'un procédé qui s'apparente à la tapisserie telle qu'on la décrit dans ce manuel. « Sa particularité principale était de nécessiter l'usage d'un tranche-fil destiné à sectionner les boucles de la laine passée à travers

---

(1) Encyclopaedia Britannica, Edition 1959, Vol. 21, page 799.

les fils de la chaîne et de la trame au moyen d'une broche. Des ciseaux, maniés avec dextérité, achevaient d'égaliser le tissu obtenu pour le point dit de Savonnerie. » (2)

Avec la découverte du Nouveau-Monde, les techniques traversèrent aussi l'Atlantique. Il semble qu'on en soit tout d'abord redevable aux matelots qui crochetaient et réparaient leurs filets. Il s'ensuit que les premiers bénéficiaires de cet héritage artisanal furent les habitants des ports de mer qui se chargèrent ensuite d'innover, selon le cas, puis de transmettre les techniques à leurs proches.

Au Canada, le tissage au métier remonte au XVIIe siècle, grâce à l'intervention de Talon; cependant les débuts de la tapisserie telle que nous la décrivons dans ce livre, ou même des tapis crochetés, sont très vagues. Tout aussi populaire que le tissage, l'art du tapis crocheté n'a pas fait le même progrès, car on retrouve les mêmes motifs, exécutés au même point. Les pièces sont sans imagination et la gamme des œuvres, monotone. Cependant depuis quelque temps les tapisseries tissées ou poinçonnées au crochet connaissent une grande popularité grâce au renouveau des techniques, grâce surtout à l'influence de certains peintres. Pellan, pour ne mentionner que celui-là, fait exécuter, en 1941, un de ses cartons intitulé « Le Jongleur » par un artisan du tapis crocheté. D'autres suivirent le mouvement. Gaby Pinsonneau et Mariette Rousseau-Vermette collaborèrent avec des peintres à la création d'œuvres couronnées de succès. Elles développèrent par la suite des techniques nouvelles et personnelles.

Quant à Micheline Beauchemin, elle a mis de côté les techniques établies pour s'exprimer à sa façon: elle reprend, et assouplit la technique du tapis crocheté. Toutes les matières y passent: laine, soie, coton, produits synthétiques, bois, etc... Les

---

(2) Roger Armand Weigert: « La Tapisserie et le Tapis en France »; Presses Universitaires de France, Paris, 1964.

libertés qu'elle prend, du côté de la technique ou des matériaux, rendent ses œuvres uniques en leur genre et très populaires. (3)

C'est à Prinnie Fraser, originaire d'Ottawa et éduquée en Nouvelle-Ecosse, que l'on doit le renouveau de la tapisserie dans la capitale fédérale. En effet, en 1962 on demanda à Mme Fraser d'enseigner à l'école secondaire Ridgemont, les techniques du tapis crocheté. Les cours suivirent cette optique pour un mois seulement alors qu'ennuyée du travail monotone, elle proposa à ses élèves d'intégrer au cours l'esprit créateur et l'aspect inventif; ils acceptèrent d'emblée. En 1966, elle transportait ses pénates à Kanata, en banlieue de la capitale, où elle enseignait à un groupe de dames, la création de tapisseries originales. Monsieur M.M. Boyd, (décédé aujourd'hui), alors directeur à l'Education permanente du Conseil scolaire d'Ottawa, en entendit parler et lui demanda de former des moniteurs en vue de répandre l'art de la tapisserie originale, ce qui fut fait en 1968-1969. Ces moniteurs exposèrent leurs travaux en janvier 1970. Cette exposition couronnée de succès fut une révélation et incita bon nombre de personnes à s'inscrire aux cours offerts en français et en anglais.

C'est aussi à Prinnie Fraser, pionnière de la tapisserie originale dans Ottawa, que l'on doit l'exposition annuelle du Centre national des Arts, de même que la naissance de l'Association des Artisans-créateurs de tapisseries ou « Creative Tapestry Association », maintenant d'envergure nationale. Les membres partagent leurs expériences et leurs découvertes les premiers jeudis des mois d'octobre, novembre, février, mars et avril. (Les réunions des mois de décembre et janvier sont réservées à la préparation et à l'exposition annuelle du Centre national des Arts). En novembre, tous les membres de l'Association peuvent soumettre les œuvres achevées à un comité de sélection; les meilleurs travaux sont choisis et exposés au mois de janvier suivant.

---

(3) Laurent et Suzanne Lamy: « La Renaissance des Métiers d'Art au Canada français », ministère des Affaires culturelles, Collection Art-Vie et Science au Canada français, Québec, 1967.

Depuis, nous avons aussi à Ottawa une boutique « Tapestry Gallery » où les artisans-créateurs de tapisseries peuvent se procurer ce dont ils ont besoin pour pratiquer cet art ancien renouvelé et même laisser en montre des tapisseries que l'on vendra moyennant une légère commission.

Fait à noter, le présent manuel est rédigé en marge des cours offerts à Ottawa et d'après nos recherches et expériences personnelles.

2 - Fournitures

Toute forme d'expression artistique nécessite un certain nombre d'outils de base. Comme la création d'une tapisserie implique l'invention d'une idée et son évolution à partir du dessin sur papier d'abord, on a tout autant besoin de fournitures artistiques qui favorisent la création (ill. 1) que d'instruments propres à la confection de la tapisserie (ill. 2).

LA CRÉATION REQUIERT

— un album de références pour y coller des découpures aptes à inspirer. (Les classer par catégories: oiseaux, fleurs, arbres, paysages, enfants, illustrations non figuratives, etc . . .);

— crayons 2H — H — HB — 2B — 4B — 6B pour dessin et estompage;

— fusains, crayons feutres à base d'eau, crayons de couleur, pastels, crayons de cire, sont facultatifs. Choisir celui qui plaît le plus et qui donne de meilleurs résultats;

— encre de Chine;

— gouache: bleue, rouge, jaune, blanche et noire;

— pinceaux (un gros et un petit);

— cahier à dessiner (crayon ou encre) où l'on jette ses idées et ébauche ses compositions;

— papier journal non imprimé pour faire des agrandissements;

— papier-calque pour certains exercices de composition ou le décalque de ses propres dessins;

1

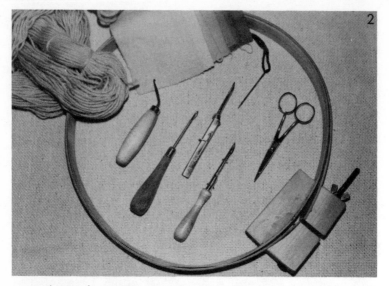

— papier carbone pour certains exercices de composition et la reproduction des dessins sur canevas.

— cartons de couleur pour des exercices de composition;

— papier de soie de couleur pour des exercices de composition;

— laine ou tissu pour expérimentation de textures;

— ciseaux à papier;

— règle;

— gomme à pain pour effacer;

— ruban gommé;

— ruban cache (masking tape);

— colle blanche;

— colle plastique.

L'EXÉCUTION NÉCESSITE

• Canevas: toute toile servant de base à la tapisserie **(ill. 3)**.

JUTE: toile à tissage moyen d'usages multiples.

TOILE DE BURE: toile à tissage moyen faite de fibres plus durables que le jute.

« DOBBY CLOTH »: toile ajourée tissée en alvéoles à intervalles réguliers, excellente pour le rya et le point noué.

« HOPSACK »: toile à tissage simple faite de fibres de coton.

CANEVAS DE SMYRNE: gros canevas servant uniquement à l'exécution du point noué avec le crochet à clenche.

« BINCA »: toile ajourée tissée en alvéoles réparties uniformément, excellente pour le poinçon.

- Laine en écheveau.
- Flanelle de laine: tissu de laine naturelle à tissage simple et serré qui se teint facilement.
- Teintures: poudre en sachets que l'on dilue dans l'eau pour colorer la laine.
- Tranche-tissu: instrument muni d'une manivelle, d'un étau ainsi que de lames interchangeables, servant à tailler la flanelle

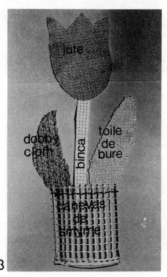

3

en bandelettes. Pour un travail ordinaire se servir de têtes no 3 ou no 4. Plus le numéro de la tête est petit plus les bandelettes sont étroites **(ill. 4 a-b-c-d-e)**.

4

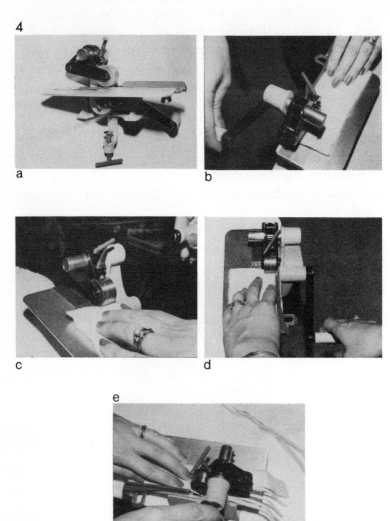

a

b

c

d

e

• Coupe-laine: petit instrument rond muni d'une manivelle, dans lequel on insère la laine qui en ressort coupée en longueurs d'environ 3 pouces [7,5 cm] **(ill. 5)**.

5

- Ruban à tapis: bande de toile tissée en diagonale que l'on coud autour du canevas afin d'empêcher les effilochures.
- Métier à tapisserie: cadre de bois ou de métal, rond ou carré sur lequel on tend et fixe le canevas à l'aide de punaises ou d'agrafes pour en faciliter le poinçonnage **(ill. 6 a-b)**.

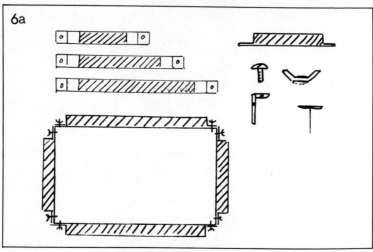

6a

6b

- Punaise: clou à large tête servant à tendre et à fixer le canevas sur le métier ou le faux-cadre.
- Crochet simple ou courbé: instrument à tige de métal droite ou courbée munie d'un manche de bois servant à tirer la laine au travers du canevas **(ill. 7)**.
- Poinçon: instrument à manche de bois ou non et à tige de métal semi-cylindrique, munie d'un chas pour enfiler la laine. Certains poinçons plus élaborés sont pourvus de têtes interchangeables et de crans d'arrêt qui règlent la longueur des boucles **(ill. 7)**.
- Aiguille à bout rond: aiguille, courbée ou non, à bout rond servant à l'exécution du point rya **(ill. 7)**.
- Crochet à clenche: instrument à manche de bois et à tige de métal dont l'extrémité est recourbée et munie d'une clenche, servant à l'exécution du point noué **(ill. 7)**.
- Ciseaux courbés: ciseaux à angle, nécessaires pour le ciselage et la sculpture **(ill. 7)**.

7

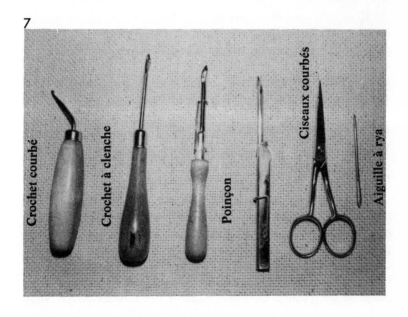

Crochet courbé — Crochet à clenche — Poinçon — Ciseaux courbés — Aiguille à rya

3 - Sources d'inspiration

Où prend-on ses idées? Ce qui enthousiasme une personne peut laisser son voisin indifférent. On peut étudier longtemps un objet sans pour cela être inspiré quand, tout à coup, jaillit une idée lumineuse... Il existe pourtant un moyen de stimuler l'inspiration et ce dernier réside dans le développement de l'acuité visuelle.

Observez les choses familières, naturelles ou faites de main d'homme: par exemple le reflet du soleil sur le plancher, les textures d'une pierre, les ombres des nuages, les couleurs du soleil à l'aube, au milieu et à la tombée du jour, les détails d'un édifice, une silhouette...

Il ne faut cependant pas vous en faire une corvée et décider qu'il faut absolument trouver une idée ou improviser le jour même, mais plutôt vous amuser à regarder ce qui vous entoure, à observer le quotidien de façon méticuleuse. Tous les artistes en témoigneront; l'inspiration ne vient pas nécessairement du jour au lendemain. Un tableau peut être le résultat de semaines voire même de mois d'élaboration et de cheminement avant d'aboutir à son aspect final. Etre à court d'idée n'est pas une catastrophe; à votre insu, une image se loge peut-être dans un coin de votre cerveau et en surgira plus tard. Plus on observe, plus il devient facile d'enregistrer, d'emmagasiner idées et détails.

La nature peut réellement aider à concevoir un dessin. Il y a tant à observer dans son environnement, à la ville ou à la campagne, à la mer comme à la montagne... Signalons plus particulièrement le chevauchement des plumes sur les ailes des oiseaux, les ailes multicolores des papillons, les plantes exotiques. Notez que les surfaces sont tantôt planes, tantôt convexes, concaves ou en spirales; certaines reflètent des couleurs vives, voire même éclatantes alors que d'autres ont des tonalités neutres; quelques-unes sont de couleur uniforme, d'autres sont mouchetées de teintes variées, d'autres présentent une gradation de tons; quelques surfaces montrent une texture lisse, les autres offrent un aspect rugueux, voire même piquant; couleurs ou textures sont tantôt symétriques, tantôt asymétriques; les détails sont parfois éparpillés, parfois embrouillés, parfois tout simplement variés.

Un bon sens d'observation aide à conserver les images stimulantes acquises lors de visites aux musées d'histoire naturelle, aux zoos, aux aquariums. Cailloux et coquillages, pour ne mentionner que ces éléments du règne animal et minéral, présentent des surfaces, des textures et des combinaisons de couleurs intéressantes qui s'adaptent à la composition et aux techniques de tapisseries.

Les musées de beaux-arts et d'arts décoratifs constituent une autre excellente source d'inspiration, car on peut y étudier peintures, sculptures, tapisseries, tissus, broderies anciennes et nouvelles aptes à suggérer formes, textures et harmonies de couleurs.

Les bibliothèques possèdent d'innombrables livres qui fourmillent d'excellentes photographies. Ne négligez pas les livres scientifiques, car toute structure moléculaire chimique, tout tissu animal ou végétal vu au microscope, suggère bon nombre d'idées utiles à la composition.

De nos jours, les cartes postales et les cartes de souhaits constituent des trésors à collectionner et à coller dans un album de références pour un usage ultérieur. Et surtout conservons les dessins d'enfants, dessins qui vibrent de franchise, de vérité, de spontanéité. Qui sait? Nous avons peut-être beaucoup à apprendre d'eux sur la simplicité des formes et l'harmonie des couleurs.

Les autres formes d'expression artistique peuvent aussi nous servir de muse. Ne rayons pas de la liste les expositions d'art ou d'artisanat, les concerts, les spectacles, le théâtre. Certaines personnes sont touchées par la poésie (les paroles gagnent à être mises en dessins), d'autres sont stimulées par la musique. Aucune source d'inspiration ne doit être ignorée ou mise au rancart.

Tenons compte aussi des scènes contemporaines ... tournées d'observation variées, y compris le lèche-vitrine où on s'attarde à examiner les nouvelles lignes, couleurs, formes, textures des vêtements, des meubles et des articles de décoration intérieure ...

Bien que le passé soit riche d'une grande variété d'œuvres d'art, il ne faut pas pour autant dédaigner le présent. On contribue à l'essor artistique en empruntant au passé et en projetant dans le futur: l'alliance de ces deux démarches donnera des compositions d'allure contemporaine.

4 - Acuité visuelle et estompage

Quelle forme un oiseau vous rappelle-t-il? Quelles lignes utiliserez-vous pour rendre le contour d'un vase? Il faut tout d'abord, vous en conviendrez, étudier attentivement l'un et l'autre avant de décider des lignes à reproduire. Comme on s'inspire de la nature, des volumes, de l'espace, du temps, de tout, de rien, il ne suffit plus de jeter sur son entourage un coup d'œil rapide et désinvolte; on se doit plutôt de regarder attentivement, d'observer minutieusement.

Les différentes caractéristiques du monde qui nous entoure nous font distinguer les animaux des hommes, les fleurs des arbres. Tâchons de découvrir les particularités cachées de cet entourage. On emploie à tort l'expression « se ressembler comme deux gouttes d'eau »; ces deux gouttes d'eau bien que semblables en apparence, sont fort différentes au microscope. Examinez les planches de votre parquet; le grain du bois n'est pas le même, les nœuds ne sont pas identiques. Pour l'artiste, la moindre dissimilitude est d'une importance capitale. Chacun, il est vrai, possède à différents degrés une faculté de percevoir les détails des choses dépendant de ses expériences passées, de ses recherches, de ses goûts personnels aussi ... Peu importe le degré d'acuité visuelle déjà atteint; l'essentiel c'est de l'améliorer.

Vos préférences penchent peut-être vers la stylisation, l'abstraction, le symbolisme ... Qu'à cela ne tienne! Il faut d'abord maîtriser le réalisme, c'est-à-dire la reproduction exacte, sur papier, que l'on veuille ou non exécuter cette composition en tapisserie. Au départ, tous les artistes en herbe ne doivent-ils pas reproduire le plus fidèlement possible un objet ou un groupe d'objets leur servant de modèle? Comment pourraient-ils reproduire une structure, rendre les jeux d'ombres et de lumières sans un sens méticuleux d'observation? Une fois la technique réaliste maîtrisée, vous pourrez toujours modifier lignes, formes et estompage pour donner une allure plus moderne à la composition.

Comme il est relativement facile de reproduire sur papier une forme, une structure, un contour d'objet, nous nous pencherons plus particulièrement sur les jeux d'ombres et de lumières. A cet effet, nous avons choisi de vous initier à l'estompage de certaines fleurs et de quelques fruits parce que tous les connaissent et qu'ils sont d'accès facile (jardins, revues, livres pour enfants, catalogues du jardinier, etc ...) **(ill. 8)**.

ESTOMPAGE

On se sert, pour reproduire ombres et lumières, d'une gradation de six tons d'une même couleur de 0 (le plus pâle) à 5 (le plus foncé). Ces tons sont rendus sur papier par les crayons suivants:

    ton 0 = 2H
    ton 1 = H
    ton 2 = HB
    ton 3 = 2B
    ton 4 = 4B
    ton 5 = 6B

Cependant, il n'est pas absolument nécessaire de se procurer toute la série; le crayon le plus foncé, en l'occurrence 6B, peut très bien reproduire les 6 tons; vous créerez vous-même les différences en appuyant plus ou moins sur le crayon.

8

« SYMPHONIE PRINTANIÈRE »
Thérèse-Marie Perrier

Il est parfois impossible d'utiliser les 6 tons à cause de la petite superficie à couvrir. On doit alors choisir judicieusement les tons les plus appropriés à l'effet désiré.

Les tons pâles et foncés sont distribués à la façon de l'estompage irrégulier ou du simili-estompage.

L'estompage irrégulier est guidé par une série de petits traits de ton 5 tout autour du cœur de la fleur ou à la partie inférieure du pétale ou de la feuille à estomper; ces traits guident les démarcations des tons suivants. Lorsque les lignes deviennent trop floues, refaire des traits et établir les démarcations de tons de façon plus définies de sorte que les ombrages et les parties plus pâles s'entremêlent. Cet estompage se prête surtout au réalisme (ou à la reproduction exacte des choses telles qu'on les perçoit).

Le simili-estompage, comme son nom l'indique, est l'imitation d'ombrages de chaque côté d'une ligne médiane, partant d'une moitié de l'objet à estomper des tons les plus foncés aux tons les plus pâles (5 à 0) et de l'autre, des tons les plus pâles aux tons les plus foncés (0 à 5). Le simili-estompage s'emploie surtout pour styliser ou donner une allure semi-réaliste à la composition.

FLEUR SIMPLE

Avant de se lancer dans l'estompage de fleurs plus complexes, étudions tout d'abord une fleur simple ou fleur à pétales A, B et C, puis les feuilles de base. Que la fleur se compose de trois ou neuf pétales (chiffre choisi arbitrairement), les principes d'estompage demeurent les mêmes, car les pétales A laissent paraître les deux côtés, les pétales B ne révèlent qu'un côté et les pétales C ne montrent que le contour extérieur sans exposer les côtés (ill. 9 a-b).

PÉTALE A

1. Contourner le cœur de la fleur de ton 5 en prolongeant ici et là de petits traits s'élançant vers le contour extérieur du pétale.

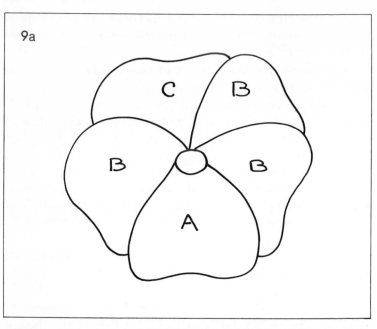

9a

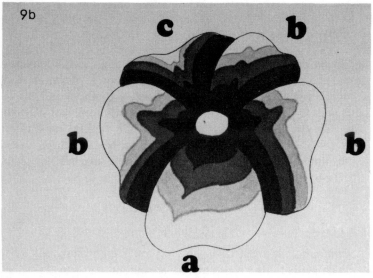

9b

2. Répéter un peu plus loin la silhouette déjà tracée en laissant glisser le crayon pour obtenir une ligne souple et non rigide et remplir de ton 4.
3. Se laisser guider par les lignes précédentes pour les tons 3, 2, 1 et 0.
4. Ne pas se surprendre s'il n'y a que de très petites surfaces de ton 0.

PÉTALE B

1. Reproduire de ton 5 l'ombrage fait par le côté du pétale A ou B qui le cache partiellement puis contourner le cœur en le prolongeant ici et là de petits traits s'élançant vers l'extrémité extérieure.
2. Répéter un peu plus loin la silhouette déjà tracée en laissant glisser le crayon pour obtenir une ligne souple et non rigide et remplir de ton 4.
3. Se laisser guider par les lignes précédentes pour les tons 3, 2, 1 et 0.
4. Ne pas se surprendre s'il n'y a que de très petites surfaces de ton 0.

PÉTALE C

1. Reproduire de ton 5 l'ombrage fait par les pétales juxtaposés et contourner le cœur en le prolongeant ici et là de petits traits s'élançant vers l'extrémité extérieure.
2. Répéter un peu plus loin la silhouette déjà tracée en laissant glisser le crayon pour obtenir une ligne souple et non rigide et remplir de ton 4.
3. Se laisser guider par les lignes précédentes pour les tons 3, 2, 1 et 0.
4. Ne pas se surprendre s'il n'y a que de très petites surfaces de ton 0.

COEUR

Se servir d'une couleur contrastante.

Tracer trois ou quatre cercles concentriques et remplir de tons plus pâles (par exemple 3, 2, 1 et 0) de l'extérieur vers l'intérieur pour faire contraste avec le contour du cœur de ton 5.

OU ne pas estomper mais plutôt poinçonner à la façon du point sculpté ou du point granulé (voir chapitre 8: Technique des points).

TIGES

Bien qu'elles n'occupent que très peu d'espace en surface, les tiges n'en sont pas moins importantes, car elles sont souples, gracieuses et donnent le ton à l'arrangement floral.

Se servir de deux tons seulement, car il n'y aura pas de place pour plus de trois points côte à côte. Par exemple: ton 3 au centre et sur toute la longueur, ton 5 de chaque côté.

FEUILLES DE BASE

Les feuilles peuvent être estompées à la façon réaliste ou stylisée.

ESTOMPAGE IRRÉGULIER

1. Couvrir le bas de la feuille d'une mini-surface en demi-cercle de ton 5 en prolongeant ici et là de petits traits s'élançant vers le contour extérieur de la feuille **(ill. 10)**.
2. Répéter un peu plus loin la silhouette déjà tracée en laissant glisser le crayon pour obtenir une ligne souple et non rigide et remplir de ton 4.
3. Se laisser guider par les lignes précédentes pour les tons 3, 2, 1 et 0.
4. Ne pas se surprendre s'il n'y a que de très petites surfaces de tons 1 et 0.

10

SIMILI-ESTOMPAGE

1. Tracer une ligne souple au centre de la feuille **(ill. 11)**.

2. Au bas d'un côté de la médiane, produire une toute petite surface de forme ovale et allongée et remplir de ton 5.

3. Tracer un peu plus haut un « S » couché qui imite le contour de la feuille et remplir de ton 4.

4. Se laisser guider par la silhouette précédente pour les tons 3, 2, 1 et 0 tout en laissant glisser le crayon pour obtenir une ligne courbe souple.

5. Ne pas se surprendre, car les surfaces de tons 5 et 0 sont généralement très petites, les surfaces de tons 4 et 1 un peu plus grosses et les surfaces de tons 3 et 2 les plus larges.

6. Estomper l'autre côté de la feuille de façon contraire en commençant dans le bas avec le ton 0.

7. Prendre soin de ne pas juxtaposer deux mêmes tons des deux côtés de la médiane.

11

Les estompages mentionnés préalablement servent de guide général. Bien que la nature nous offre un choix presque illimité de fleurs toutes aussi belles les unes que les autres et toutes aussi différentes les unes des autres, vous remarquerez que les particularités propres à certaines se retrouvent ailleurs. A vous de les découvrir! Nous estompons pour vous la rose, la belle-de-jour, l'arum, la marguerite ou fleur à pétales multiples, le coquelicot et la pensée.

ROSE

La rose est une fleur à corolle en partie fermée et à pétales libres. Elle est probablement la fleur la plus difficile à réussir **(ill. 12 a-b)**.

COEUR

Tracer un ovale au centre et le remplir de ton 5.

12a   12b

Tracer des ovales subséquents (s'arrondissant légèrement de plus en plus) qui rejoignent l'ovale précédent aux trois-quarts et alterner ces derniers de gauche à droite ou de bas en haut, selon le cas; sauter un ton entre chaque ovale; pour un contraste additionnel, dans le cas d'une rose assez grosse, ajouter entre chaque ovale, une mini-surface de même ton terni par la complémentaire (voir chapitre 6: Couleur).

Exemple: centre ovale de ton 5;

côté droit: ovales subséquents allant en s'arrondissant de tons 4, 2 et 4;

côté gauche: ovales subséquents allant en s'arrondissant de tons 3, 1 et 3.

REPLIS

Se servir de ton 0 pour faire ressortir le repli et d'une mini-surface de ton 1 à la jonction des deux replis.

COROLLE FERMÉE

Côté en premier plan: tracer un « M » suivant les contours de la corolle juste au-dessous des replis et remplir de ton 5.

Répéter un peu plus loin la silhouette déjà tracée en laissant glisser le crayon pour obtenir une ligne souple et remplir de ton 4.

Se laisser guider par les lignes précédentes pour les tons 3, 2, 1 et 0 si espace il y a.

Côté en deuxième plan: répéter de l'autre côté et choisir judicieusement les tons, car il y a moins d'espace à couvrir.

CÔTÉ EN DEUXIÈME PLAN

Répéter de l'autre côté et choisir judicieusement les tons, car il y a moins d'espace à couvrir.

PÉTALES LIBRES

Estomper ces derniers à la façon des pétales libres de la fleur simple.

BELLE-DE-JOUR

La belle-de-jour est une fleur à corolle tubulaire et à pétales soudés (ill. 13).

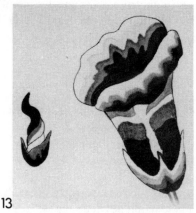

13

COEUR

Procéder de la même façon que pour la fleur simple.

COROLLE SUPÉRIEURE ARRIÈRE

Contourner la partie inférieure de même que le cœur de ton 5 en prolongeant ici et là de petits traits s'élançant vers le contour extérieur. Répéter un peu plus loin la silhouette déjà tracée en laissant glisser le crayon pour obtenir une ligne souple et remplir de ton 4.

Se laisser guider par les lignes précédentes pour les tons 3, 2, 1 et 0.

COROLLE SUPÉRIEURE AVANT

Contourner la partie supérieure de ton 0 en prolongeant ici et là de petits traits s'élançant vers le contour extérieur.

Répéter un peu plus loin la silhouette déjà tracée en laissant glisser le crayon pour obtenir une ligne souple et remplir de ton 1.

Se laisser guider par les lignes précédentes pour les tons 2, 3, 4 et 5.

COROLLE TUBULAIRE FERMÉE

Pour donner l'impression de rondeur, diviser en trois sur la longueur.

CENTRE

Au-dessous de la corolle supérieure avant, tracer un rappel du contour de cette dernière et remplir de ton 1.

Répéter un peu plus loin la silhouette déjà tracée et remplir de ton 0.

Se laisser guider par les lignes précédentes pour les tons 1, 2 et 3.

CÔTÉS

1. Tracer une ligne souple en forme de « S » couché du centre vers le côté droit juste au-dessous de la corolle supérieure avant et remplir de ton 3.

Répéter un peu plus bas la silhouette déjà tracée et remplir de ton 2.

Se laisser guider par les lignes précédentes pour les tons 3, 4 et 5.

2. Tracer une ligne souple en forme de « S » couché du centre vers le côté gauche juste au-dessous de la corolle supérieure avant et remplir de ton 2.

Répéter un peu plus bas la silhouette déjà tracée et remplir de ton 1.

Se laisser guider par les lignes précédentes pour les tons 2, 3 et 4.

SÉPALE

Ce dernier est de même couleur que la tige.

Tracer au bas du sépale une ligne en forme de « W » imitant le contour extérieur et remplir de ton 5.

Répéter un peu plus haut la silhouette déjà tracée et remplir de ton 4.

Se laisser guider par les lignes précédentes pour les tons 3, 2 et 1 si espace il y a.

SÉPALE ET BOUTON

Procéder pour le sépale de la façon indiquée ci-dessus.

Tracer une ligne souple en forme de « S » tout au bas du bouton et remplir de ton 0.

Répéter un peu plus haut la silhouette déjà tracée et remplir de ton 1.

Se laisser guider par les lignes précédentes pour les tons 2, 3, 4 et 5.

ARUM

L'arum est une fleur à corolle tubulaire fermée et à un pétale se refermant sur lui-même **(ill. 14)**.

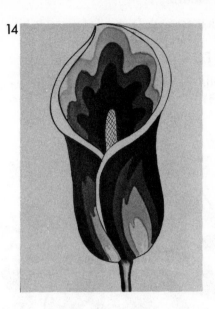

14

ÉTAMINE

Se servir d'une couleur contrastante et poinçonner à la façon du point sculpté (voir chapitre 8: Technique des points).

COROLLE INTÉRIEURE

Contourner l'étamine de ton 5 tout en prolongeant ici et là de petits traits s'élançant vers le contour extérieur du pétale.

Répéter un peu plus loin la silhouette déjà tracée en laissant glisser le crayon pour obtenir une ligne souple et remplir de ton 4.

Se laisser guider par les lignes précédentes pour les tons 2, 1 et 0.

REPLIS

Les estomper à la façon des replis de la rose.

COROLLE FERMÉE

L'estomper à la façon de la corolle fermée de la rose.

MARGUERITE

La marguerite est une fleur à corolle ouverte et à pétales multiples **(ill. 15)**.

COEUR

Se servir d'une couleur contrastante et le poinçonner à la façon du point sculpté (voir chapitre 8: Technique des points).

PÉTALES

Selon leur position, se servir de l'estompage irrégulier du pétale de la fleur simple.

OU se servir de l'estompage irrégulier de la feuille simple.

OU tracer au début du pétale une série de lignes saccadées à la façon d'un « M » (simple ou double selon la largeur du pétale) à l'allure oblique et remplir de ton 5.

Répéter un peu plus loin la silhouette tracée et remplir de ton 4.

Se laisser guider par les lignes précédentes pour les tons 3, 2, 1 et 0.

OU dans le cas où le pétale est retourné, se servir de l'estompage irrégulier précédent pour la première partie du pétale (tons 5 à 0) puis répéter le même estompage et les mêmes tons pour la partie retournée.

ATTENTION aux ombrages que projettent certains pétales sur d'autres.

COQUELICOT

Le coquelicot est une fleur à corolle en profondeur et à pétales libres (ill. 16 a-b).

COEUR

Centre très foncé, même violet parsemé d'étamines très hautes de couleur jaune ou vert pâle. Se servir de teinture mouchetée pour rendre les étamines réalistes (voir chapitre 7: Teinture) et poinçonner à la façon du point granulé (voir chapitre 8: Technique des points).

PÉTALES

Contourner le centre en prolongeant de plusieurs traits et remplir de ton 5.

16a   b

Poursuivre l'estompage en se servant de la méthode expliquée dans la fleur simple.

ATTENTION: le contour extérieur des pétales est dentelé.

PENSÉE

La pensée est une fleur à corolle et à pétales libres irréguliers **(ill. 17 a-b)**. Sa « face » et son « nez » la distinguent des autres fleurs. Il vaut mieux bien regarder dans la nature; il n'y en a pas deux semblables.

COEUR

« Nez » — tracer un petit triangle au centre de la fleur et répéter les lignes un peu plus loin tout en les assouplissant: choisir une des combinaisons de couleurs suivantes:

     mini-triangle = blanc; contour = vert pâle;
     mini-triangle = vert pâle; contour = jaune;
     mini-triangle = vert pâle; côtés = jaune; bas = orange.

« Face » — laisser une toute petite surface de couleur pâle autour du « nez ».

Tracer une ligne suivant le contour du « nez », prolonger de plusieurs petits traits et remplir de ton 3: ceci, pour les trois pétales inférieurs.

Répéter un peu plus loin la silhouette déjà tracée tout en saccadant les lignes et remplir de ton 4.

Répéter pour le ton 5.

Laisser une toute petite surface de couleur pâle tout autour des trois pétales inférieurs et en continuer l'estompage à la façon de la fleur simple, mais en saccadant les lignes limitant chaque ton.

ATTENTION: estomper autour de la « face » en se servant des tons les plus pâles allant aux plus foncés OU des tons les plus foncés allant aux plus pâles.

PÉTALES SUPÉRIEURS

Les estomper à la façon des pétales libres de la fleur simple.

FEUILLES

Soulignons ici quelques particularités de feuilles inusitées, feuilles allongées, droites ou retournées; feuilles simples à nervures; feuilles à contour irrégulier et à nervures; feuilles arrondies à nervures.

Feuilles allongées droites

Parmi les feuilles allongées, mentionnons les feuilles d'iris, de tulipe, de muguet **(ill. 18)**.

Estomper à la façon du simili-estompage de la feuille simple OU se servir de l'estompage irrégulier suivant:

Tracer tout au bas de la feuille une série de lignes saccadées à la façon d'un « M » double à l'allure oblique et remplir de ton 5.

Répéter un peu plus haut la silhouette déjà tracée et remplir de ton 4.

Se laisser guider par les lignes précédentes pour les tons 3, 2, 1 et 0.

Feuilles allongées retournées

18
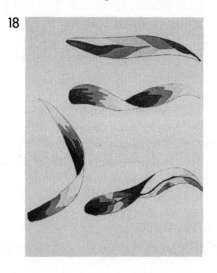

Se servir de l'estompage irrégulier précédent pour la partie inférieure de la feuille (tons 5 à 0) **(ill. 18)**.

Répéter le même estompage et les mêmes tons pour la partie supérieure de la feuille.

Feuilles simples à nervures

Tracer une nervure au centre de la feuille et ses ramifications de chaque côté et se servir de ton 5 (ou d'une couleur contrastante) **(ill. 19a)**.

19a

Contourner nervure et ramifications tout en laissant glisser le crayon pour obtenir une ligne souple et remplir de ton 4.

Répéter un peu plus loin la silhouette déjà tracée et remplir de ton 3.

Se laisser guider par les lignes précédentes pour les tons 2, 1 et 0 OU estomper de façon contraire, c'est-à-dire de pâle à foncé.

Feuilles à contour irrégulier et à nervures

Parmi les feuilles à contour irrégulier, mentionnons les feuilles de chêne, de coquelicot, de chrysanthème **(ill. 19b)**.

19b

Tracer une nervure au centre de la feuille et ses ramifications, ces dernières se dirigeant vers le contour extérieur irrégulier et se servir de ton 5 (ou d'une couleur contrastante).

Contourner nervure et ramifications tout en laissant glisser le crayon pour obtenir une ligne souple et remplir de ton 0.

Répéter un peu plus loin la silhouette déjà tracée et remplir de ton 1.

Se laisser guider par les lignes précédentes pour les tons 2, 3, 4 et 5. OU estomper de façon contraire, c'est-à-dire de foncé près de la nervure de couleur contrastante, à pâle vers l'extérieur.

Feuilles arrondies à nervures

Les feuilles de nénuphar, de géranium, de violette font partie de cette catégorie. Estomper à la façon des feuilles simples à nervures **(ill. 20 a-b)**.

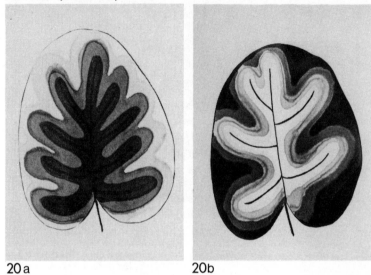

20 a   20b

FRUITS

Nous ne pouvons passer sous silence l'estompage des fruits qui entrent dans la composition de très agréables natures mortes et qui permettent la mise en pratique des diverses techniques de teinture (voir chapitre 7: Teinture) **(ill. 21)**.

Orange

Tracer des cercles non concentriques et décalés et remplir des tons 0 à 5, le plus petit cercle étant de ton 0 **(ill. 22)**.

Se servir de teinture mouchetée pour rendre l'idée de la pelure: orange brillant moucheté d'orange pâle.

21

« FRUIT HARVEST »
Jeanne Schultz

22

Pêche

Tracer le contour des côtés de la pêche, du haut vers le bas et remplir de ton 5; la surface va s'amincissant vers le bas pour donner l'effet de rondeur **(ill. 23)**.

23

Répéter un peu plus loin la silhouette déjà tracée et remplir de ton 4; la ligne s'arrondit de plus en plus.

Répéter pour les tons 3 et 2, le ton 1 étant au centre de la pêche.

Accentuer d'un reflet de lumière de ton 0.

ATTENTION: la partie bombée du dessus de la pêche sera plus pâle. Teinter la flanelle de gris pour rendre le velouté de la peau.

Pomme

Tracer le contour des côtés de la pomme, du haut vers le bas et remplir de ton 5; la surface va s'amincissant vers le bas pour donner l'effet de rondeur **(ill. 24)**.

49

24

Répéter un peu plus loin la silhouette déjà tracée et remplir de ton 4, la ligne s'arrondit de plus en plus.

Répéter pour les tons 3 et 2, le ton 1 étant au centre de la pomme.

Accentuer d'un reflet de lumière de ton 0.

ATTENTION à la dépression près du pédoncule: la partie arrière doit être plus foncée que la partie avant.

Se servir de teinture mouchetée pour rendre l'idée de la pelure: vert moucheté de rouge, vert moucheté de jaune, rouge moucheté de jaune etc . . .

Banane

Diviser la banane en trois sur la longueur **(ill. 25)**.

Estomper la partie supérieure des tons 1, 2 et 3, le milieu, des tons 2, 3 et 4 et la partie inférieure, des tons 3, 4 et 5.

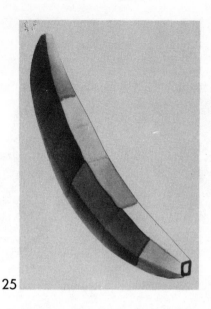

25

L'extrémité de la banane sera rendue par les tons suivants: contour, ton 5; centre, ton 3.

Se servir de teinture jaune mouchetée de brun ou verte mouchetée de jaune.

Raisins

Tracer des cercles non concentriques et décalés et se servir de trois tons pour chaque raisin (par exemple, tons 1, 2 et 3 ou tons 2, 3 et 4 ou tons 3, 4 et 5). Accentuer d'un reflet de lumière de ton 0 **(ill. 26)**.

ATTENTION aux ombrages que projettent certains raisins sur d'autres. Se servir de teinture d'immersion de couleur rouge, verte ou bleue.

Pastèque (melon d'eau)

L'estompage en est très simple **(ill. 27)**: pelure vert foncé et vert pâle.

26   27

Chair des tons 0 à 5.

Se servir de teinture rose-rouge mouchetée de blanc, de brun et de noir, pour imiter les pépins.

ATTENTION: les taches de blanc, de brun et de noir devront être assez grosses pour rendre l'idée.

Ananas

Tracer des lignes en losanges d'un brun foncé **(ill. 28)**.

Les losanges sont composés de trois tons; selon les reflets de lumière, choisir les tons 0, 1 et 2; 1, 2 et 3; 2, 3 et 4 ou 3, 4 et 5.

Se servir de teinture mouchetée pour les losanges: jaune moucheté d'orange ou jaune moucheté de vert.

Se servir de l'estompage irrégulier des feuilles allongées pour les feuilles de l'ananas.

28

5 - Composition

Chaque forme d'expression artistique a ses limites. La création de tapisseries permet l'utilisation d'un choix de matériaux assez vaste, car on emploie surtout laine et flanelle, mais il ne faut pas pour autant délaisser les autres fibres textiles de même que les autres éléments disponibles tels le bois, les cailloux, les coquillages qui peuvent s'intégrer assez facilement pour créer un heureux mariage de texture. Cependant, on doit éliminer les petits détails de composition qui se reproduisent mal et qui se perdent dans l'exécution.

Ceci dit, découvrons le sens des mots conception et composition; l'un ne va pas sans l'autre ou plutôt, l'un concrétisé devient l'autre. La conception est la structure de base qui supporte tous les éléments; la composition est l'organisation de tous les éléments (lignes, formes, couleurs, textures) en un tout harmonieux. En effet, selon Quillet, la conception est une création intellectuelle relevant de l'imagination, tandis que la composition est l'action d'organiser un tout par l'arrangement de plusieurs éléments. Placer un objet près d'un autre ne fait pas nécessairement une composition, encore moins une bonne composition. Soit dit en passant, une bonne composition est un dessin auquel rien ne peut être ajouté et auquel rien ne peut être enlevé sans causer un sentiment de vide et d'inachevé; c'est le résultat d'une invention (qui n'a pas entendu parler de l'esprit créateur?) et de beaucoup de travail. On apprend à dessiner en dessinant; c'est le moment choisi de rappeler un dicton bien connu: « Vingt fois sur le métier, remettez votre ouvrage. »

Un plan de travail ordonné évite le découragement. Il faut d'abord choisir un sujet, lui trouver un arrangement plaisant puis exécuter plusieurs variations de couleurs. Les artistes, commerciaux ou autres (peintres, dessinateurs, graveurs) explorent formes et volumes, font plusieurs esquisses préliminaires et plusieurs ébauches de couleurs avant d'en arriver à une composition finale. Si les professionnels agissent ainsi, c'est donc qu'il y a avantage à le faire. Malheureusement, plusieurs débutants croient que le travail sur papier constitue une perte de temps et c'est là qu'ils font erreur, car trop souvent ils ne font qu'une ébauche et choisissent leurs couleurs au fur et à mesure, en poinçonnant. Ceci occasionne une perte d'énergie, de temps et de matériaux et à moins d'avoir un talent exceptionnel, ils sont rarement satisfaits du produit final.

Voici les étapes à traverser avant d'exécuter la tapisserie avec laine ou flanelle:

1. Croquis minuscule: en réaliser plusieurs, car une idée en attire une autre.
2. Ebauche: tracer tout d'abord les formes principales et les garder simples; les détails seront ajoutés plus tard.
3. Ebauche de couleur: choisir les couleurs appropriées.
4. Etude détaillée: varier formes et volumes et s'assurer que les lignes directrices guident les yeux vers le centre d'intérêt; ajouter les détails.

5. Agrandissement aux dimensions voulues.

6. Choix des points-texture ou points-patrons.

7. Choix des matériaux.

ÉLÉMENTS DE LA COMPOSITION

La composition comprend l'organisation de divers éléments tous aussi importants les uns que les autres; on ne peut se permettre d'en négliger un seul, car il en résultera un arrangement incomplet.

En voici la liste:

1. Marges: limites de la composition.

2. Lignes: système nerveux.

3. Centre d'intérêt: point important.

4. Espaces positifs et négatifs: formes et espaces.

5. Couleur: élément le plus complexe animant la composition.

6. Valeur tonale: qualité claire ou foncée de la couleur.

7. Texture: qualité de surface.

Marges

La marge est constituée de lignes qui déterminent le pourtour d'une composition (ill. 29). C'est la marge qui détermine le volume des formes. La marge peut être régulière (carré, cercle, triangle, rectangle) ou irrégulière (hexagone, trapèze, contour de l'objet). La marge irrégulière ajoute intérêt et originalité à la composition.

Lignes

Les lignes expriment un sentiment, créent une ambiance en dirigeant l'œil vers un point donné, le centre d'intérêt. Les lignes peuvent être nettes et vigoureuses ou légères et subtiles, mais elles doivent retenir l'œil à l'intérieur de l'image et le guider de façon continue sans le faire sautiller ici et là.

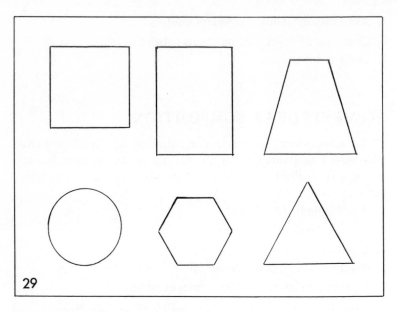

29

Les lignes peuvent être: droites
                        courbes
                        saccadées.

Chacune d'elles peut être: étroite ou épaisse
                          courte ou longue
                          légère et rapide ou lourde et lente.

La ligne droite est noble et digne mais rigide.

La ligne courbe est gracieuse, reposante, rythmée; la ligne courbe relevée est gaie; la ligne courbe tombante est triste.

La ligne saccadée est brusque, mouvementée; elle exprime la foudre, l'électricité.

Selon leurs directions, les lignes expriment divers sentiments; les lignes droites peuvent être verticales, horizontales, obliques.

La ligne droite verticale exprime la dignité.

La ligne droite horizontale implique le repos.

La ligne droite oblique transmet un sentiment de déséquilibre, mais aussi de mouvement et d'action.

La ligne courbe révèle le mouvement, l'action, la danse.

Les lignes droites obliques se rapprochant vers le bas dirigent l'œil vers le bas.

Les lignes droites obliques se rapprochant vers le haut dirigent l'œil vers le haut.

Les lignes courbes se rapprochant près du centre dénotent la compression, l'oppression, le resserrement.

Les lignes courbes se rapprochant aux extrémités suggèrent l'espace, l'expansion.

Un chevauchement graduel dans la direction est plus subtil et moins choquant à l'œil qu'un changement brusque. Si l'on désire un résultat frappant, se servir alors d'un changement brusque.

Centre d'intérêt

C'est le point qui attire l'œil dans une composition **(ill. 30 a-b)**. Pour attirer l'œil sur un sujet:

a) Choisir des couleurs brillantes — l'œil est attiré par le rouge.

b) Choisir des contrastes — pâle sur foncé
    foncé sur pâle
    petit contre gros
    gros contre petit.

c) Se servir d'une couleur surprise; couleur n'appartenant pas nécessairement à l'harmonie choisie mais complémentaire à la couleur dominante de la composition; l'utiliser en infime quantité pour briser la monotonie (utilisée en trop grande quantité, elle n'est plus une couleur surprise).

d) Ajouter des détails.

Espace positif et espace négatif

La composition résulte de l'arrangement de formes et d'espaces: les uns sont tout aussi importants que les autres.

L'espace positif est constitué par les éléments ou les formes; c'est l'espace rempli de la composition; il a ses limites.

30a

b « RETOUR AU BERCAIL »
Nichole B.-Langlois

L'espace négatif est constitué par l'arrière-plan et tout ce qui n'est pas élément composant du dessin; c'est l'espace vide de la composition, l'espace qui n'est pas occupé par le sujet; ce dernier n'a pas de frontières.

L'interprétation de l'espace positif et négatif s'applique à tous les dessins, que ce soit une chaise dans une pièce vide, un arbre contre le ciel ou un arrangement fantaisiste de ciseaux inusités.

La chaise dans une pièce vide: les formes entre les pattes et le dossier de la chaise deviennent, au même titre que l'arrière-plan, l'espace négatif.

L'arbre contre le ciel: les formes entre les branches et les feuilles deviennent tout comme l'arrière-plan l'espace négatif.

L'arrangement fantaisiste de ciseaux inusités: les formes rondes où l'on glisse les doigts pour tailler de même que les espaces entre les deux lames tranchantes deviennent ici, comme l'arrière-plan, l'espace négatif **(ill. 31a)**.

La bonne utilisation des espaces positifs et négatifs est d'importance primordiale, car elle permet à l'œil de suivre aisément le mouvement du dessin et de créer un centre d'intérêt **(ill. 31b)**.

31a
b

Couleur et valeur tonale

La couleur et la valeur tonale sont l'objet du chapitre 6: Couleur.

Texture

C'est la qualité de surface, lisse, satinée, veloutée, rugueuse, brillante ou terne, plane ou en relief obtenue par différentes techniques et divers points de tapisserie **(ill. 32)**.

L'artiste doit compter non seulement sur son sens d'observation visuelle, mais il doit aussi penser à la sensation produite au toucher, car la variété n'existe pas seulement dans les formes des

32

« Joyeux Pantin »
Hélène Trépanier

objets mais aussi dans les textures. Si toutes les surfaces sont d'égale importance, on ne sait plus trop où regarder. Il faut apprendre à reconnaître la qualité de surface des objets pour en reproduire l'illusion en tapisserie en choisissant judicieusement le point-texture ou le point-patron le plus apte à le représenter. (Voir chapitre 8: Technique des points)

POINTS-TEXTURE

Point simple et ses dérivés:	point renversé
	point sculpté
	point granulé
	point pénélope
Point de chaîne simple:	point de chaîne renversé
	point de chaîne double
Poinçon simple:	poinçon renversé
	poinçon sculpté
	poinçon granulé

Point rya
Point noué

POINTS-PATRONS

Estompage en bloc
Point damier
Point créneau
Point aztèque
Point simili-tissage
Point tweed
Point cheviotte
Point d'ajour
Point tartan
Point maillon
Point pied-de-poule
Point pied-de-coq
Point chevron
Point totem
Point pied-de-canard
Point colonnade
Point grec

PRINCIPES DE BASE

La composition suppose quelques principes de base que voici:

1. Equilibre: stabilité.
2. Proportions: rapports entre les volumes ou la largeur et la longueur.
3. Profondeur et perspective: illusion de la distance ou troisième dimension.
4. Mouvement et rythme: impression d'action obtenue par la répétition ou la variation des lignes et des formes.
5. Unité: coordination harmonieuse des divers éléments.
6. Variété: diversité de formes, de grosseurs, de couleurs, de tonalités et de textures.

7. Harmonie: accord parfait entre les parties résultant de l'application des principes précédents.

Equilibre

L'équilibre, c'est la stabilité, le repos ou l'inaction. Pour équilibrer deux forces opposées, il s'agit de grouper les formes et les couleurs autour d'un centre de sorte qu'il y ait attraction égale de chaque côté de ce centre (des poids identiques s'équilibrent à égale distance d'un centre donné). Il existe deux sortes d'équilibre: l'équilibre conventionnel **(ill. 33)** et l'équilibre non conventionnel **(ill. 34)**.

33

34

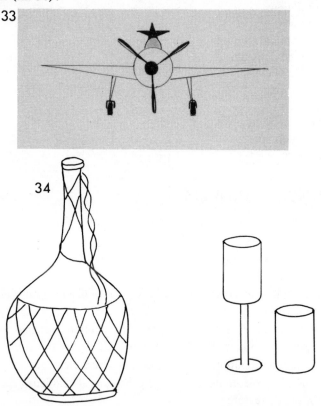

Equilibre conventionnel: il est formé de chaque côté d'un axe par un ou plusieurs éléments composés de parties similaires (avion, meuble etc . . .).

Cet équilibre est digne et paisible.

Equilibre non conventionnel: il est formé d'un ou plusieurs éléments non similaires ou composés d'éléments contrastants. Ce dernier est plus intéressant, moins paisible.

Voici quelques règles d'équilibre:

De grandes surfaces lisses équilibrent de petites surfaces ornementées.

De grandes surfaces de couleur faible équilibrent de petites surfaces de couleur accentuée.

De grandes surfaces en demi-tons équilibrent de petites surfaces de couleurs qu'elles soient foncées ou pâles.

Un gros objet placé près du centre d'intérêt équilibre de plus petits objets éloignés du centre.

Une grande surface douce équilibre une petite surface texturée.

La disposition des éléments en triangle donne de l'équilibre à la composition: ceci est particulièrement important dans le cas d'un arrangement floral.

Proportions

Ce sont les rapports entre les volumes, entre la largeur et la longueur etc . . . Il s'agit, ici, de considérer l'importance des éléments de la composition et de leur accorder l'espace qui leur convient (ill. 35 a-b).

Un élément placé en premier plan a plus d'importance.

Un élément de taille importante diminue la valeur des éléments plus petits.

Le chevauchement permet d'accorder plus de valeur à l'élément essentiel qui cache en partie les éléments secondaires.

35a   b

L'absence partielle du contour ou de la surface d'un élément ajoute de l'intérêt tout en lui donnant de l'importance.

Profondeur et perspective

C'est l'illusion de la distance ou une troisième dimension. La profondeur est intimement liée aux proportions **(ill. 36 a-b)**.

L'ampleur d'un élément ou sa place dans la marge crée l'idée de la proximité ou du lointain.

Le chevauchement des éléments donne une impression de profondeur en les rendant plus petits à mesure qu'ils s'éloignent.

Les tailles différentes font avancer ou reculer: les éléments plus gros donnent une impression de proximité, les éléments plus petits donnent une impression de recul.

36a

**COMPOSITION PLUS INTÉRESSANTE
ILLUSTRANT PROFONDEUR ET PERSPECTIVE**

36b

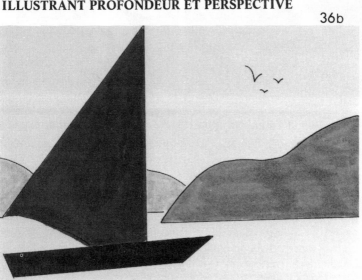

Mouvement et rythme

L'utilisation partielle ou entière des lignes et des formes, selon leur position dans la composition crée du mouvement en donnant une impression d'action **(ill. 37 a-b)**. De même qu'on décèle le rythme dans la musique, on voit dans une composition des lignes onduleuses ou une série de formes et de volumes disposés de façon rythmée. Le rythme crée une ambiance en répétant ou en espaçant formes et couleurs selon un plan donné.

37ª   37b

La position et l'ampleur de la fusée donnent l'impression de mouvement.

Unité

C'est la coordination harmonieuse obtenue par l'ensemble des espaces positifs et négatifs. Tout arrangement d'éléments subordonnés à une idée ou à un plan reflète l'unité. Une composition fait preuve d'unité si l'œil suit une ligne invisible et passe d'un objet à l'autre ou d'une couleur à l'autre d'une façon continue; le chevauchement est un moyen d'y arriver **(ill. 38 a-b)**. L'unité se divise en deux catégories:

38a

Considérer la position et l'ampleur des éléments pour créer l'unité.

38b

L'unité statique aux formes géométriques régulières, passives, inertes, sans mouvement (triangles, cercles, carrés) telles les flocons de neige, les motifs répétés sur un tissu.

L'unité dynamique, fluide aux formes en mouvement.

Pour produire un tout harmonieux: placer les éléments d'une composition les uns près des autres ou les faire chevaucher OU élaborer les formes: le cercle devient ovale; le carré, rectangle; le triangle équilatéral, isocèle, etc . . .

Variété

La diversité de lignes, de formes, de volumes, de couleurs et de textures rend la composition plus intéressante. Il faut apprendre à trouver ce qui est particulier à un objet, ce qui le distingue d'un autre afin de pouvoir coucher sur papier le fruit de ses observations. Le seul fait de varier la forme et la dimension d'un point de tapisserie ajoutera de l'intérêt à l'œuvre terminée.

Harmonie

L'harmonie est un principe d'art qui produit une impression d'unité par le choix et l'arrangement d'objets et d'idées compatibles. L'harmonie n'est pas nécessairement la garantie d'une bonne composition mais la suppose, car les gens civilisés sont conservateurs et préfèrent l'harmonie à la monotonie extrême (très ennuyeuse) et à la discorde. Pour la plupart des gens, les contrastes forts et violents sont désagréables; cependant, les enfants et les primitifs les préfèrent.

On peut, il va sans dire, harmoniser des objets de formes, de couleurs et de textures similaires; cependant on peut aussi grouper des objets dissemblables mais compatibles; on obtient alors une harmonie de fonction (un cheval et sa bride, un morceau de pain et du beurre) ou une harmonie de symbolisme (la colombe et la branche d'olivier, les chandelles et les feuilles de houx).

Jusqu'à présent, nous nous sommes attardés sur le réalisme, point de départ de toute composition, car c'est la façon de reproduire assez exactement le monde tel qu'on le voit; le réalisme nécessite un pouvoir d'acuité visuelle assez élevé. Il ne faut pas pour autant négliger d'autres formes d'expression qui résultent d'un choix personnel de lignes ou de volumes mais aussi et surtout de l'esprit inventif qui synthétise ces formes; mentionnons ici la stylisation ou le semi-réalisme, l'abstraction et le symbolisme.

Stylisation

C'est l'insistance sur la forme de base plutôt que l'exactitude de la représentation **(ill. 39)**. Pour styliser, il suffit d'extraire la forme de base, d'en tracer les grandes lignes et d'éliminer les

détails. En traçant les grandes lignes de la forme à styliser, on franchit la première étape qui nous conduit à l'abstraction, car la stylisation est presque à mi-chemin entre le réalisme et l'abstraction. Point n'est besoin de chercher très loin des exemples d'objets stylisés; les livres à colorier pour enfants en regorgent ... et qui ne peut s'empêcher de penser aux biscuits à l'emporte-pièce du temps des Fêtes qui sont bel et bien stylisés mais qu'on reconnaît tout de suite?

Abstraction

En abstraction, la réalité ne compte plus; il ne faut donc pas essayer d'y voir un objet ou une personne mais plutôt une pensée, un sentiment, une fantaisie de l'imagination dans l'utilisation des formes, du rythme et de la luminosité des couleurs qui sont agréables à l'œil (ill. 40). Pour y arriver, on peut suivre l'impulsion

40

du moment et faire tout d'un trait ou partir de formes réalistes pour en extraire les éléments principaux qui serviront à développer la structure et le sentiment de la composition par un ensemble de lignes, de volumes, de formes, d'espaces, de couleurs et de textures. En quelques mots, l'abstraction est un processus de libération, une simplification de la réalité qui, au lieu de reproduire le monde tel qu'il est, fait place à la géométrie, (formes précises, imprécises, organiques ou géométriques qui n'ont aucun sens apparent mais qui sont belles par elles-mêmes) et à une utilisation maximum du monde de la couleur de façon à produire un tout agréable à l'œil de celui qui le crée. A l'intention des novices dans l'art de l'abstraction, voici une marche à suivre assez simple:

1. Tenir compte des espaces positifs et négatifs en traçant les lignes.

2. Porter une attention particulière aux volumes.

3. Extraire de tout cela plans et volumes dont on veut faire usage, étudier ces volumes sous différents angles, distordre et changer les formes si nécessaire, ou en créer de nouvelles puis rassembler dans un nouvel ordre.

Symbolisme

Le symbolisme est tout simplement le développement de la pensée exprimé par des signes concrets significatifs. C'est en quelque sorte l'utilisation de symboles pour exprimer une idée (**ill. 41**). Plusieurs formes sont devenues des emblèmes: on représente Dieu par un triangle, le Canada par la feuille d'érable, la paix par une colombe et une branche d'olivier... Mais avez-vous songé que le quotidien regorge de symboles? Chaque entreprise possède sa marque qui l'identifie; même les signaux de circulation que l'on regarde sans trop voir sont composés de formes tout autant que de couleurs symboliques. Tâchons de tirer profit de ce monde merveilleux qu'est le symbolisme et utilisons-le à plein pour faire de la composition un défi à l'intelligence. N'est-il pas intrigant de deviner la pensée de l'auteur qui a voulu passer par tout un processus d'enchaînement pour en arriver à un résultat final captivant?

Rappelons-nous qu'une œuvre d'art est l'expression en termes visuels de ce que l'artiste a été, a senti, a pensé et a expérimenté; il faut être soi-même et surtout être sévère dans la critique de son travail, car la réussite en dépend. N'oublions pas que l'expression

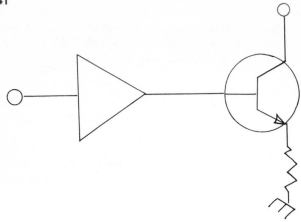

artistique de chacun dépend de son individualité. Seules l'attitude et la capacité d'une personne vis-à-vis l'invention peuvent jusqu'à un certain point entraver la création d'une œuvre. Il existe cependant plusieurs exercices d'acuité visuelle qui peuvent entraîner et améliorer le sens de l'observation. Quant au potentiel créateur, on peut l'améliorer par divers exercices de composition (voir chapitre 10: Exercices). Ne vous croyez pas trop à la maternelle en exécutant certains exercices; les enfants d'aujourd'hui sont fortunés d'apprendre, dès leur bas âge, à aiguiser leur sens d'observation, et à s'extérioriser d'une façon bien personnelle.

6 - Couleur

La couleur, l'élément le plus complexe de la composition, mérite bien qu'on lui accorde un chapitre. Une composition, sans doute intéressante mais terne en noir et blanc, prend vie dès qu'on la colore. Tâchez d'exploiter au maximum la gamme des teintes et des tons que vous offre le monde de la couleur. Pour y arriver, vous n'avez qu'à étudier la couleur et à découvrir ses possibilités. Vous pourrez alors choisir judicieusement les teintes qui mettront en valeur de façon harmonieuse l'idée à transmettre.

Qu'est-ce que la couleur? C'est tout simplement l'impression produite sur l'œil par des ondes lumineuses de longueurs différentes, les longueurs d'ondes étant spécifiques à chaque couleur. Mais ce qui importe davantage, cette couleur possède trois dimensions: sa teinte, sa tonalité et son intensité.

Teinte ou non: la caractéristique qui permet de distinguer une couleur d'une autre; c'est aussi le nom que l'on donne à une couleur . . . bleu, rouge, jaune.

Tonalité ou valeur tonale: la qualité claire ou foncée de la couleur; la couleur ne change pas, seule sa tonalité est modifiée. Pour obtenir un ton clair, on ajoute à la couleur pure, du blanc en peinture, de l'eau en teinture. Pour obtenir un ton foncé, on ajoute à la couleur pure, en peinture comme en teinture, du noir ou sa couleur complémentaire (couleur directement opposée sur la roue).

Une erreur de valeur tonale est infiniment plus grave qu'une erreur dans le choix des couleurs, car elle peut gâcher complètement l'effet voulu **(ill. 42 a-b)**.

Lorsqu'on discute tonalité, on réfère habituellement à la tonalité d'une couleur ou d'une teinte; cependant, il ne faut pas oublier que les valeurs tonales s'appliquent aussi à l'ensemble des couleurs de la roue. Dans ce cas, la couleur du haut de la roue, en l'occurrence le jaune est une couleur à tonalité très haute — seul le blanc est plus haut — et le violet est de tonalité très basse — seul le noir est de valeur tonale plus basse. Entre les deux extrêmes, il existe toute une gamme de valeurs plus ou moins élevées dépendant de leur position dans la roue **(ill. 42c)**. Il faut tenir compte de ce fait pour harmoniser les tons.

42ª

« HISTOIRE DE PÊCHE »
Nichole B.-Langlois

42b

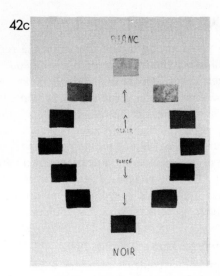

42c

Par exemple, une composition aux harmonies de complémentaires jaune et violet est très intéressante si on aime les contrastes
forts; cependant pour obtenir un heureux mariage des valeurs
tonales, il faut soit baisser la tonalité du jaune en le fonçant avec
le violet ou élever la tonalité du violet en le pâlissant.

Valeur tonale la plus haute	Blanc	
Valeur tonale très haute	Jaune	
Valeur tonale haute	Jaune-orangé	Jaune-vert
Valeur tonale moyennement haute	Orange	Vert
Valeur tonale moyenne	Rouge-orangé	Bleu-vert
Valeur tonale moyennement basse	Rouge	Bleu
Valeur tonale basse	Rouge-violet	Bleu-violet
Valeur tonale très basse	Violet	
Valeur tonale la plus basse	Noir	

INTENSITÉ: le degré de vivacité, de saturation, de pureté
d'une couleur. Pour réduire l'intensité d'une couleur, on y ajoute
du blanc, du gris, du noir ou sa couleur complémentaire.

En mêlant les couleurs, on modifie leur teinte, leur tonalité et
leur intensité; l'une ne peut être changée sans affecter l'autre.

ROUE DES COULEURS

Avant d'aller plus loin, on se doit d'examiner la roue des couleurs. Bien sûr, il existe bon nombre de roues de couleurs, toutes semblables, toutes différentes aussi; ces dernières représentent simplement un schéma circulaire sur lequel figurent dans l'ordre et à égales distances les unes des autres, les couleurs primaires, les couleurs secondaires, les couleurs tertiaires et bien d'autres encore. Comme la couleur n'est pas le but ultime de ce livre, mais plutôt un moyen d'animer la composition, nous laissons à d'autres auteurs le soin d'élaborer. La roue ci-dessous expliquée est composée des couleurs primaires (en réalité le point de départ de toutes les autres), des couleurs secondaires et des couleurs tertiaires **(ill. 42d)**.

Couleurs primaires: Jaune, Rouge et Bleu.

Couleurs secondaires: couleurs obtenues à partir du mélange de deux couleurs primaires:

Jaune + Rouge = Orange
Rouge + Bleu = Violet
Bleu + Jaune = Vert

42d

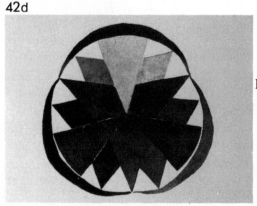

J = **Jaune**
J-V = **Jaune-vert**
V = **Vert**
B-V = **Bleu-vert**
VI = **Violet**
R-VI = **Rouge-violet**
R = **Rouge**
R-O = **Rouge-orangé**
O = **Orangé**
J-O = **Jaune-orangé**
C = **Citron**
OL = **Olive**
RX = **Roux**

Couleurs tertiaires: couleurs obtenues en mêlant une couleur primaire et une couleur secondaire; on obtient ainsi six couleurs:

Jaune + Orange = Jaune-orangé
Rouge + Orange = Rouge-orangé
Rouge + Violet = Rouge-violet
Bleu + Violet = Bleu-violet
Bleu + Vert = Bleu-vert
Jaune + Vert = Jaune-vert

Pour faciliter l'obtention des mélanges en peinture comme en teinture, nommez les couleurs selon leurs composants et par ordre d'importance plutôt que de leur donner des noms sophistiqués, tels pourpre, chartreuse, etc . . .

D'autres mélanges méritent qu'on les mentionne; il s'agit des mélanges de couleurs secondaires pour l'obtention des teintes dites « de terre ».

Orange + Violet = Roux
Violet + Vert = Olive
Vert + Orange = Citron ou ocre

Couleurs chaudes — Couleurs froides

En traçant une ligne imaginaire entre le jaune et le jaune-vert en haut de la roue et entre le rouge-violet et le violet en bas de la roue, on remarque que les couleurs de gauche sont chaudes tandis que celles de droite sont froides.

Règle générale, n'importe quelle couleur est « réchauffée » par l'addition de jaune et « refroidie » par l'addition de bleu.

JUXTAPOSITION DES COULEURS

Les couleurs sont toujours influencées par leur milieu et les couleurs qui les entourent. Sur papier, la valeur d'une couleur se modifie à cause des couleurs environnantes par un effet d'illusion d'optique.

Les tons foncés sur papier blanc paraissent plus foncés lorsqu'ils sont seuls à cause de la surface claire qui les entoure; une fois le papier couvert d'autres couleurs, les teintes (et les tons) reprennent leur véritable valeur. Il faut donc faire des rectifications constantes de couleurs, d'intensité et de valeur tonale.

Certaines couleurs donnent une impression de proximité, d'autres, d'éloignement; on peut se servir de ce principe pour accentuer ou atténuer l'impression de profondeur ou de distance.

- Vues à la même distance, les couleurs chaudes (rouge, orange, jaune) paraissent plus près de soi que les couleurs froides (bleu, vert, violet).

- Dans la réalité, les couleurs deviennent plus froides avec le recul mais aussi plus claires, moins intenses et plus floues; cette gradation est due à la couche atmosphérique entre soi et les objets.

- Sur un fond vert foncé, un rouge vif paraît plus clair et légèrement orangé.

- Sur un fond jaune, le même rouge paraît plus froid et plus foncé.

- Sur un fond sombre. le vert semble plus vert et plus clair.

- Sur un fond pâle, il semble plus bleu et plus foncé.

  Les couleurs sont modifiées par celles de l'arrière-plan.

- Le noir fait ressortir les couleurs.

- Le blanc fait aussi ressortir les couleurs mais moins.

- Une couleur chaude sur un arrière-plan de couleur froide ressortira plus que sur un arrière-plan de couleur chaude.

  Des lignes de démarcation noires font ressortir les couleurs.

- Des couleurs qui se rejoignent tendent parfois à se confondre; séparées par des lignes noires, elles gardent davantage leur identité.

  Deux couleurs se suivant dans la roue et juxtaposées dans une composition semblent absorber le complément des couleurs qui les suivent ou qui les précèdent dans la roue.

- Le jaune près d'un jaune-orangé semble prendre un peu du complément de l'orange (bleu) et donne au jaune un reflet vert tandis que le jaune-orangé semble prendre la couleur complémentaire du jaune (violet) pour donner au jaune un reflet roux.

Une couleur brillante près d'une couleur terne semblera plus brillante et la couleur terne plus terne; une couleur pâle près d'une couleur foncée semblera plus pâle et la couleur foncée, plus foncée.

L'effet des couleurs environnantes est le même que celui des couleurs adjacentes mais accentué par la quantité de couleur utilisée.

Le gris a tendance à refléter le complément de la couleur avec laquelle il est vu: le gris près du rouge semble verdâtre; il faut donc lui ajouter un peu de rouge pour obtenir un gris rosé.

HARMONIE DES COULEURS

L'harmonie dans la couleur est un effet esthétique, agréable à l'œil et résultant d'une certaine combinaison de couleurs. Il existe plusieurs harmonies de couleurs dont voici les principales (voir roue de couleurs avec accessoires) **(ill. 42e)**.

42e

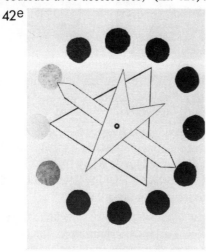

Harmonie monochrome: harmonie réalisée en une seule couleur mais à plusieurs degrés d'intensité et de valeur tonale; une harmonie monochrome en bleu peut présenter toute la gamme des nuances entre le bleu le plus pâle et le bleu le plus foncé **(ill. 43, 44)**.

43

44

« AFTER DARK »
Jeanne Schultz

« Arabesque »
Marcelle Vincent

Harmonie analogue: harmonie composée de trois à cinq couleurs apparentées qui se suivent dans la roue comme le bleu, le bleu-vert et le vert.

Harmonie de complémentaires: cette harmonie se compose de deux couleurs directement opposées sur la roue et du résultat du mélange de ces deux couleurs; par exemple une harmonie de jaune et de violet comprend à part ces deux couleurs, tous les tons obtenus en mêlant les deux teintes.

Harmonie de complémentaires divergentes: semblable à l'harmonie de complémentaires, cette harmonie touche cependant trois points sur la roue dont deux sont juxtaposés à la complémentaire;

le jaune qui complète le violet a pour complémentaires divergentes le rouge-violet et le bleu-violet.

Harmonie de triades: cette harmonie est composée de trois couleurs également distantes sur la roue et y formant un triangle équilatéral; bleu, rouge et jaune OU violet, orange et vert. Cette harmonie donne un effet primitif.

COULEUR SURPRISE

Dans une composition, on fait souvent usage de couleurs pour attirer l'œil; c'est ce qu'on appelle une couleur surprise; cette couleur surprise n'appartient pas nécessairement à l'harmonie choisie, mais elle est complémentaire de la couleur dominante de la composition. On l'emploie en infime quantité et en triangle (à trois endroits dans la composition) pour attirer l'œil vers un point donné, pour créer un centre d'intérêt, pour briser la monotonie ou pour donner un effet choc.

SYMBOLISME DE LA COULEUR

Le symbolisme prend tellement d'ampleur dans le monde d'aujourd'hui qu'on se doit de lui réserver un petit coin dans ce chapitre. Chaque maison de commerce, chaque entreprise possède sa marque, son signe par lequel on la reconnaît. La couleur, tout comme la forme, a une portée précise, une signification particulière. Les couleurs nous affectent quotidiennement sans qu'on s'en rende compte; en effet les couleurs jouent un grand rôle dans les émotions selon leur place et leur emploi et entraînent des réactions bien déterminées; elles rendent notre vie agréable, abolissent la monotonie et jusqu'à un certain point contrôlent nos sentiments, car elles peuvent nous rendre gais ou tristes, agités ou paisibles, calmes ou impatients. Voici quelques associations très courantes entre les couleurs et les émotions:

le rouge suggère l'agitation et le feu;
le bleu implique le froid, la distance ou le repos;
le vert évoque la nature et le frais;
le jaune, l'orange suggèrent le soleil, la chaleur, etc . . .

Pour plus de précision, examinons tout d'abord les couleurs primaires pures, certains de leurs tons ainsi que leurs effets mariés à d'autres couleurs.

Jaune

Le jaune suggère au plus haut point le pouvoir de la lumière. Si quelqu'un est brillant, c'est qu'il est intelligent; on peut donc symboliser par le jaune intelligence, compréhension et savoir.

De même qu'on accorde une portée précise à la couleur, on donne aux tons de valeur tonale élevée (tons pâles) et aux tons de basse tonalité (tons foncés) une caractéristique différente comme rôle émotionnel.

Le jaune devient terne aussitôt qu'on lui ajoute un peu de gris, de noir ou de violet. Terni, le jaune devient faux et peut représenter la fausseté, le doute, la mésentente. Sans faire de rapprochement entre les couleurs, il devient difficile de définir les qualités expressives d'une couleur. Citons en exemple quelques couleurs contrastant avec le jaune:

Jaune avec tons foncés prend une allure radieusement joyeuse.

Jaune sur orange exprime un soleil à faire mûrir les champs de blé.

Jaune avec rouge fait penser au son éclatant des trompettes.

Jaune sur noir est sans compromis, vibrant et abstrait.

Rouge

Le rouge est très sensible, car il peut tout aussi bien symboliser le pouvoir qu'être associé à la guerre ou aux démons. Selon Johannes Itten, « le rouge possède une grande étendue de modulation, car il peut osciller entre le froid et le chaud, le terne et le clair, le pâle et le foncé sans détruire sa qualité de rouge. Du rouge cynique endiablé aux tons angéliques du rose, le rouge peut exprimer tous les degrés intermédiaires entre l'infernal et le sublime. » Pâli, le rouge éveille des sentiments agréables; terni, le rouge évoque la violence, la passion, la haine.

Rouge sur rose foncé réagit comme une chaleur fuyante.

Rouge contre bleu-vert symbolise un grand feu.

Rouge sur jaune-vert implique un intrus sûr de lui.

Rouge sur orange perd de sa vigueur, couve sous les cendres, se dessèche.

Bleu

Le bleu est contrariant, introverti, car il est passif et froid du point de vue spatial matériel, mais chaud et actif du point de vue spirituel. Le bleu implique la fidélité; terni, il tombe dans la peur, la peine, la solitude de l'âme mais pointe vers la réalité de la foi spirituelle.

Bleu sur noir brille d'une pureté naturelle.

Bleu sur lilas semble reculé, inanimé, impuissant.

Bleu sur brun foncé devient foncé et brillant.

Bleu sur rouge-orangé devient lumineux, revendiquant son étrange irréalité.

Quant aux couleurs secondaires, énumérons leurs fonctions significatives.

Vert

Le vert exprime la production, l'espérance, la tranquillité, le contentement; terni, il implique la peine, la décadence.

Orange

L'orange rend un mouvement radieux; pâli, il perd de son mouvement, terni, il devient flétri.

Violet

Le violet implique la piété; terni, il crée la superstition; pâli, il exprime lumière et compréhension, éliminant la superstition. (4)

Il faut être conscient de la nature qui nous permet de vivre dans un monde constamment rempli de symboles. Pour en bénéficier pleinement, il suffit, non seulement de regarder et d'observer mais d'être marqué par ce monde merveilleux et de s'en servir à bon escient en composition pour créer une ambiance particulière; l'arrangement des éléments est important mais le choix de bonnes couleurs l'est aussi; on ne doit jamais, par exemple, représenter une scène paisible avec des jaunes et des rouges vifs, car les couleurs contrediront les formes.

RÈGLES D'UTILISATION DES COULEURS

Les règles que nous mentionnons ci-dessous ont pour but d'aider les débutants dans le domaine de la couleur. Ces règles ne sont pas rigides comme les données mathématiques; en effet, les connaissant, libre à vous de les ignorer si bon vous semble, mais alors les résultats seront bel et bien voulus et non un accident dû au hasard.

1. Déterminer à l'avance le thème de couleur qui créera l'effet approprié et qui mettra en valeur l'idée à traduire.
2. Se servir d'une couleur au moins trois fois dans un tableau.
3. Disposer les couleurs en triangle pour un meilleur équilibre.
4. Arrêter son choix de couleurs de sorte que l'une d'elles soit pâle, une autre foncée, une troisième brillante.
5. Décider à l'avance ce qui sera plus clair et ce qui sera plus foncé dans la composition puis déterminer la valeur tonale.

---

(4) Johannes Itten, « L'art de la couleur », Dessain et Toldra, 10, rue Cassette, Paris 6e, 1973, Edition originale parue en langue allemande sous le titre «Kunst der farbe », Editions Otto Maier Verlag, Ravensburg, Germany.

6. La juste utilisation des valeurs tonales donne du caractère à un tableau en exprimant tel ou tel sentiment; une scène gaie se traduit par l'utilisation de hautes valeurs tonales, une scène triste, par l'emploi de couleurs à tonalité basse.

7. Plusieurs couleurs non assorties se marient si elles ont la même valeur tonale.

8. Plus la démarcation de valeur tonale est grande entre deux couleurs, plus les couleurs ressortiront.

9. On emploie rarement une couleur pure à moins de vouloir un effet spécial.

10. Les contrastes forts sont recommandés si on désire un effet spécial mais peuvent devenir monotones.

11. Une couleur pâle placée à côté d'une couleur foncée semblera plus pâle et la couleur foncée plus foncée.

12. L'emploi d'une couleur en grande quantité la rend dominante.

13. Eviter le noir; se servir plutôt d'un violet ou d'un bleu très foncé.

14. Pour obtenir un gris foncé chaud, mêler d'égales quantités de complémentaires.

15. Ternir une couleur en ajoutant un soupçon de sa complémentaire plutôt que du noir ou du gris qui non seulement l'affaiblissent mais la tuent.

16. Une harmonie monochrome peut devenir monotone.

17. Les harmonies de complémentaires sont généralement plus intéressantes que les harmonies de couleurs similaires — monochrome — analogue ·

18. Un arrière-plan pâle donne un effet d'ensemble pastel.

19. Un arrière-plan foncé donne un effet d'ensemble foncé où les couleurs ressortent.

20. Employées en égales quantités et côte à côte, les couleurs chaudes et froides donnent un effet de proximité et de lointain; la couleur chaude paraît plus proche et plus large que la couleur froide.

21. Employées côte à côte et en quantités égales, les couleurs complémentaires semblent vibrer tant elles sont intenses; pour en faire ressortir une, la juxtaposer à une infime quantité de sa complémentaire.

22. La couleur peut être changée ou atténuée par la texture. Exemple: les textures rugueuses font paraître la couleur plus foncée à cause du grand nombre de petits ombrages produits. Les surfaces lisses font paraître la couleur plus pâle parce qu'elles réfléchissent la lumière.

7 - Teinture

La moitié du plaisir dans la création d'une tapisserie consiste à créer ses propres couleurs. Cette aventure s'avérera doublement enrichissante si vous tentez l'expérience avec une autre personne et que vous expérimentez toutes sortes de mélanges de couleurs. Vous aurez l'impression que l'œuvre achevée est encore plus de votre cru. Ne craignez rien! Vous n'aurez pas à débourser une fortune pour vous outiller; vous possédez sûrement tout ce dont vous avez besoin à la maison; il s'agit de mettre ses ressources à profit. D'accord, vous ne pourrez probablement pas obtenir les couleurs brillantes que l'on réussit commercialement; cependant, les teintes faites à la maison donnent à la tapisserie une richesse de coloris très agréables au regard. Et pourquoi ne pas aller plus loin et teindre à partir de produits naturels? Après tout, nos ancêtres, qui n'avaient pas sous la main tous ces produits dont nous font bénéficier fabricants et commerçants, se débrouillaient fort bien; il ne leur en coûtait que le temps de tondre les moutons, de carder et de filer la laine, de cueillir les produits naturels aptes à produire une solution colorante, de préparer cette solution et de teindre eux-mêmes la laine servant à la confection de vêtements ou de tapis ... Dans cette ère où la vitesse prime, une œuvre qui a « coûté » plus de temps que de « sous » n'a-t-elle pas plus de valeur?

NÉCESSAIRE

1. Journaux.

2. Teintures en sachets (jaune, rouge, bleu, orange, violet, vert et noir) — toutes les couleurs peuvent s'obtenir à partir du mélange de ces teintes. Toutes nos expériences ont été faites avec des teintures neutres ou à peine acides pour la laine (ISO 526); ces teintures, de fabrication allemande, sont résistantes à la lumière; nous les avons obtenues à « Tapestry Gallery ».

3. Cuillères à mesurer en acier inoxydable (les cuillères de plastique resteront tachées).

4. 7 bocaux de 8 onces [240 cc] munis de couvercles.

5. Tasse à mesurer de 8 onces [240 cc] en pyrex.

6. Bain de détergent.

7. Détergent doux (shampooing de bébé, Sunlight liquide, Zéro, etc . . .).

8. Pinces en acier inoxydable.

9. Flanelle ou laine en écheveau.

10. Vinaigre blanc ou sel non iodé.

11. 6 boîtes de jus vides de 48 onces [1,70 litre] à intérieur doré **(ill. 45a)**.

NE JAMAIS SE SERVIR D'USTENSILES EN ALUMINIUM CAR CE MÉTAL OPÈRE UN CHANGEMENT CHIMIQUE DANS LES TEINTURES.

SOLUTION COLORANTE PRIMAIRE

Poudre de teinture diluée dans l'eau dont on se sert pour préparer la solution colorante secondaire. Cette solution colorante primaire se conserve presque indéfiniment dans des bocaux à fermeture hermétique, à l'abri de la lumière et de la chaleur excessive **(ill. 45b)**.

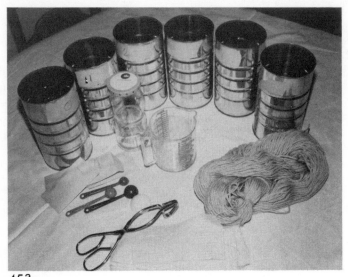

45a

45b

NÉCESSAIRE

Journaux
7 bocaux de 8 onces [240 cc] munis de couvercles
Teintures en sachets
Cuillères à mesurer en acier inoxydable
Tasse à mesurer.

Méthode

1. Travailler sur plusieurs épaisseurs de papier journal, car on ne peut éviter les éclaboussures.
2. Etiqueter bocaux et couvercles, car les solutions foncées sont difficiles à identifier.
3. Déposer ½ à 1 c. à thé [2,5 cc à 5 cc] de poudre dans un bocal selon le potentiel colorant de la teinture (on ne peut déterminer ce potentiel qu'à force d'expérience).
4. Démêler avec 1 c. à table [15 cc] d'eau froide.
5. Dissoudre dans 1 tasse [240 cc] d'eau chaude, non bouillante.
6. Rincer les cuillères à mesurer avant la préparation de chaque couleur.
7. Laisser tiédir avant de fermer à l'aide des couvercles.

CARNETS D'ÉCHANTILLONS

Ces derniers, destinés à l'exécution de l'estompage réaliste, se composent de six morceaux de flanelle aux tons dégradés **(ill. 46)**.

NÉCESSAIRE

Flanelle
Bain de détergent
Détergent doux.

Méthode

1. Laver la flanelle au détergent puis la sécher dans la sécheuse; cela nettoie mais surtout foule la flanelle et lui donne plus d'épaisseur en la feutrant.

2. Ne jamais tailler aux ciseaux mais déchirer la flanelle en échantillons ou morceaux de 4 pouces [10 cm] sur 12 pouces [30 cm] environ.

3. Tremper les échantillons dans un bain de détergent: **EAU CHAUDE TRÈS SAVONNEUSE.** Le détergent ralentit l'absorption de la couleur et permet un contrôle plus précis des gradations de tons tout en faisant absorber plus uniformément la teinture.

4. Retirer les échantillons pour les plonger immédiatement dans les boîtes de 48 onces [1,70 litre] à intérieur doré contenant eau, vinaigre et teinture. **NE JAMAIS LES RINCER.**

LAINE EN ÉCHEVEAU

On peut tout aussi bien teindre de la laine en écheveau. Dans ce cas, préparer de petits écheveaux d'une longueur équivalente à la longueur de l'avant-bras, et attacher sans serrer à 2 ou 3 endroits. Procéder ensuite comme dans le cas des carnets d'échantillons, c'est-à-dire tremper dans un bain de détergent chaud et n'en retirer les écheveaux qu'au moment de les teindre.

CONTENANTS À TEINTURE

Point n'est besoin de toujours se servir de cocottes ou de casseroles de cuisine pour teindre. Comme il a été indiqué précédemment, sauf dans les cas où la quantité à teindre nécessite de plus gros contenants, des boîtes de jus vides de 48 onces [1,70 litre] à intérieur doré sont plus pratiques, car plus d'une peuvent être déposées sur un même élément de la cuisinière de sorte que l'on peut teindre les six tons du carnet d'échantillons à la fois **(ill. 47)**.

47

NÉCESSAIRE

6 boîtes de jus vides de 48 onces [1,70 litre], à intérieur doré
Cuillères à mesurer en acier inoxydable
Vinaigre
Epingles à linge de bois.

Méthode

1. Laver et rincer les boîtes.
2. Les numéroter 0-1-2-3-4-5 à l'aide d'un crayon bille sur du ruban cache.
3. Emplir à moitié d'eau chaude (non bouillante).
4. Verser 1 c. à table [15 cc] de vinaigre dans chaque boîte.
5. Déposer sur les éléments froids de la cuisinière. Aider à l'équilibre de 3 boîtes sur un même élément avec des épingles à linge de bois.

SOLUTION COLORANTE SECONDAIRE

Mélange de couleur de son cru qui servira directement à la teinture proprement dite. Cette solution peut colorer 2 carnets d'échantillons de 4 pouces [10 cm] sur 12 pouces [30 cm] **(ill. 48)**.

NÉCESSAIRE

Tasse à mesurer
Solution colorante primaire
Cuillères à mesurer en acier inoxydable ou compte-gouttes
Carnet de « recettes de couleurs »
Petits morceaux de flanelle ou bouts de laine pour vérifier la couleur.

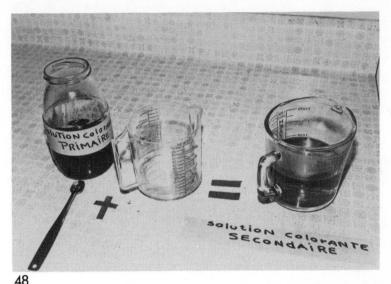

48

Méthode

1. Verser ½ tasse [120 cc] d'eau chaude dans une tasse [240 cc] à mesurer.

2. Ajouter la solution colorante primaire au compte-gouttes ou par ¼ de cuillerée à thé [1,25 cc]; le mélange de couleur se fait dans la tasse.

3. Inscrire dans le carnet de « recettes » les quantités de solution colorante primaire au fur et à mesure qu'on les ajoute afin de pouvoir répéter la même couleur au besoin.

4. Vérifier la couleur avec un petit morceau de flanelle, un bout de laine, du coton (ou tout autre tissu à fibres naturelles).

5. S'assurer que la couleur est plus foncée que nécessaire, car la laine, une fois séchée, sera plus pâle.

6. Ajouter de l'eau, si nécessaire, pour obtenir 1 tasse [240 cc] de solution colorante secondaire.

TEINTURE PROPREMENT DITE

La première méthode de teinture, expliquée ci-après, est supérieure à la seconde, car elle permet un contrôle plus précis des gradations de tons; la seconde méthode résulte en une gradation plus floue, où il est parfois difficile de distinguer un ton d'un autre **(ill. 49, 50)**.

NÉCESSAIRE

6 boîtes de jus vides de 48 onces [1,70 litre] à moitié remplies
    d'eau chaude additionnée de 1 c. à table de vinaigre [15 cc]
Solution colorante secondaire
Cuillères à mesurer en acier inoxydable
Bain de détergent
Echantillons de flanelle ou petits écheveaux de laine
Pinces en acier inoxydable
Journaux, papier essuie-tout
Linge à vaisselle
Epingles à ressort.

49

50

Méthode 1

1. Verser ¾ c. à thé [3,75 cc] de solution colorante secondaire dans la boîte « 0 ».

   Verser 1½ c. à thé [7,5 cc] de solution colorante secondaire dans la boîte « 1 ».

   Verser 1 c. à table [15 cc] de solution colorante secondaire dans la boîte « 2 ».

   Verser 2 c. à table [30 cc] de solution colorante secondaire dans la boîte « 3 ».

   Verser 4 c. à table [60 cc] de solution colorante secondaire dans la boîte « 4 ».

   Verser 8 c. à table [120 cc] de solution colorante secondaire dans la boîte « 5 ».

   Fait à noter, on double toujours les quantités de solution colorante secondaire.

2. Plonger dans les boîtes d'eau chaude additionnée de vinaigre et de solution colorante secondaire les échantillons de flanelle

ou les écheveaux de laine sortant du bain de détergent chaud sans les rincer (2 échantillons par boîte).

3. Chauffer graduellement pour faire mijoter à peine; une chaleur trop intense empêche la teinture de pénétrer.

4. Remuer occasionnellement.

5. Laisser sur le feu entre 10 et 20 minutes jamais plus, car le lainage se désagrègera.

6. Retirer du feu et ajouter graduellement de l'eau froide pour baisser la température jusqu'à ce que l'eau devienne incolore.

7. Tordre pour enlever l'excédent d'eau puis étendre quelque temps sur des journaux recouverts de papier essuie-tout.

8. Pour ne pas mêler les tons, épingler sur un linge à l'aide d'épingles à ressort et sécher dans la sécheuse ou au moins loin de la lumière.

NE JAMAIS REPASSER OU PRESSER.

Méthode 2

1. Verser ½ tasse [120 cc] de solution colorante secondaire dans la boîte « 5 ».

Remplir la tasse [240 cc] d'eau chaude et en verser ½ tasse [120 cc] dans la boîte « 4 ».

Remplir la tasse [240 cc] d'eau chaude et en verser ½ tasse [120 cc] dans la boîte « 3 ».

Remplir la tasse [240 cc] d'eau chaude et en verser ½ tasse [120 cc] dans la boîte « 2 ».

Remplir la tasse [240 cc] d'eau chaude et en verser ½ tasse [120 cc] dans la boîte « 1 ».

Remplir la tasse [240 cc] d'eau chaude et en verser ½ tasse [120 cc] dans la boîte « 0 ».

Comme il reste ½ tasse [120 cc] de solution dans la tasse [240 cc] la verser dans la boîte « 5 ».

Remarquer que la solution colorante est de plus en plus diluée; c'est pourquoi on en verse au tout début dans la boîte réservée au ton le plus foncé.

2. Les étapes 2 à 8 inclusivement sont les mêmes que dans la méthode « 1 ».

DÉCOLORATION

Les procédés de teinture ne sont pas réservés exclusivement aux tissus neufs. Vêtements de laine ou tricots usagés sont tout aussi valables. C'est le moment propice de fouiller dans la boîte étiquetée « Ça pourrait toujours servir plus tard » et d'en sortir retailles et vêtements qui n'attendent que votre bon vouloir pour être décolorés puis reteints (ill. 51).

51

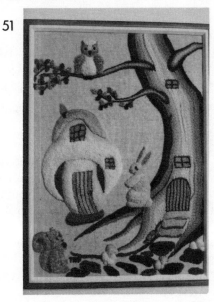

NÉCESSAIRE

Lainages usagés
Bain d'eau chaude
Casserole en acier inoxydable ou chaudron émaillé
Décolorant commercial
Pinces en acier inoxydable.

Méthode

1. Laver puis rincer les lainages déjà teints (vêtements ou tricots usagés, retailles . . .).

2. Tremper dans l'eau chaude jusqu'au moment de s'en servir.

3. Faire mijoter assez d'eau dans la casserole pour couvrir tissu ou laine.

4. Ajouter le décolorant commercial (environ un sachet par livre de tissu ou de laine).

5. Y plonger tissu ou laine et laisser mijoter en remuant occasionnellement.

6. Retirer à intervalles de façon à obtenir six tons atténués (ou retirer le tout lorsque suffisamment décoloré).

SI LE TISSU N'EST PAS COMPLÈTEMENT DÉTEINT EN 20 MINUTES, LE LAISSER DE CÔTÉ, CAR UNE PLUS LONGUE PÉRIODE DE TREMPAGE L'ENDOMMAGERA.

7. Rincer à l'eau chaude puis baisser graduellement la température.

8. Tordre puis sécher dans la sécheuse.

A défaut de décolorant commercial, on peut déteindre partiellement les tissus en préparant une forte solution de détergent dans un chaudron émaillé; chauffer jusqu'au point d'ébullition, y plonger le lainage et laisser mijoter jusqu'à l'obtention du ton désiré; retirer de l'eau, rincer puis sécher. Ce procédé, bien que très long, ne décolorera pas entièrement les tissus.

NE JAMAIS UTILISER D'EAU DE JAVEL POUR DÉCOLORER LES TISSUS, CAR CE PRODUIT ENDOMMAGERA LES FIBRES.

TEINTURE EN GRANDE QUANTITÉ

Les procédés de teinture décrits préalablement se limitent aux petites quantités et suffisent à colorer deux carnets de six échantillons de 4 pouces [10 cm] sur 12 pouces [30 cm]. Dans le cas d'arrière-plan et d'œuvres de plus grande envergure, vous voudrez sûrement y aller plus rondement. Un sachet de poudre de teinture peut teindre jusqu'à deux livres [900 gr] de tissu ou de laine.

ARRIÈRE-PLAN

Vous aurez besoin de trois tons d'une même couleur:

Contour des objets de la composition	= ton foncé.
Extérieur de l'œuvre	= ton pâle.
Reste de la surface à couvrir	= ton moyen.

NÉCESSAIRE

Flanelle
Bain de détergent
Solution colorante
Vinaigre
3 casseroles en acier inoxydable ou chaudrons émaillés
Pinces en acier inoxydable.

Méthode

1. Déchirer la flanelle en six échantillons égaux.
2. Tremper dans un bain de détergent chaud jusqu'au moment de s'en servir.
3. Verser assez d'eau chaude dans les trois casseroles pour recouvrir les échantillons; ajouter à chacune 2 c. à table [30 cc] de vinaigre.
4. Préparer la solution colorante: 1 sachet de poudre dissoute dans 1 pinte (5 tasses ou 1,14 litre) d'eau chaude.
5. Verser ½ tasse [120 cc] + 2 c. à table [30 cc] de solution colorante dans la casserole « 1 » (ton pâle) ; y plonger 2 échantillons.
   Verser 1¼ tasse [300 cc] de solution colorante dans la casserole « 2 » (ton moyen) ; y plonger 2 échantillons.
   Verser 3 tasses + 2 c. à table [750 cc] de solution colorante dans la casserole « 3 » (ton foncé) ; y plonger 2 échantillons.

6. Laisser à peine mijoter 10 à 20 minutes pour faire absorber la couleur; remuer occasionnellement.

7. Retirer du feu et ajouter graduellement de l'eau froide pour baisser la température jusqu'à ce que l'eau devienne incolore.

8. Tordre puis sécher.

LES QUANTITÉS DU TISSU POUR LES TONS PÂLE, MOYEN ET FONCÉ DOIVENT ÊTRE IDENTIQUES; AUTREMENT LA GRADATION DE TONS POURRAIT ÊTRE RATÉE.

Exemple: 1 échantillon de ton pâle, 4 échantillons de ton moyen, 1 échantillon foncé. Il n'y aura pas de différence marquée entre le ton pâle et le ton moyen puisque pour deux fois la quantité de solution colorante, il y a quatre fois la quantité de tissu. Par contre le ton foncé sera proportionnellement beaucoup plus accentué que les deux autres.

OEUVRE DE PLUS GRANDE ENVERGURE

L'estompage réaliste sur une plus grande échelle nécessite six tons ou six échantillons de même couleur aux tons dégradés.

NÉCESSAIRE

Flanelle
Bain de détergent
Solution colorante
Vinaigre
2 casseroles en acier inoxydable ou chaudrons émaillés
Pinces en acier inoxydable.

Méthode

1. Déchirer la flanelle en 6 échantillons égaux.

2. Tremper dans un bain de détergent chaud jusqu'au moment de s'en servir.

3. Verser assez d'eau chaude dans la casserole « 1 » pour couvrir l'échantillon.

   Verser assez d'eau chaude dans la casserole « 2 » pour couvrir les six échantillons et ajouter 2 c. à table [30 cc] de vinaigre. Dans la première casserole, on colore le tissu; dans la seconde, on fait prendre la teinture.

4. Préparer la solution colorante: 1 sachet de poudre dissoute dans une pinte (5 tasses ou 1,14 litre) d'eau chaude.

5. Casserole « 1 », bain « 0 »:
   a) verser 2 c. à table [30 cc] de vinaigre et 1¼ c. à table [18,75 cc] de solution colorante;
   b) y plonger un échantillon et laisser mijoter quelques minutes pour faire absorber la teinture;
   c) retirer l'échantillon, le plonger dans la casserole « 2 » et laisser mijoter 10 à 20 minutes pour rendre la teinture permanente.

   Casserole « 1 », bain « 1 »:
   a) verser 2 c. à table [30 cc] de vinaigre et 2½ c. à table [37,5 cc] de solution colorante;
   b) y plonger un échantillon et laisser mijoter quelques minutes pour faire absorber la teinture;
   c) retirer l'échantillon, le plonger dans la casserole « 2 » et laisser mijoter 10 à 20 minutes pour rendre la teinture permanente.

   Casserole « 1 », bain « 2 »:
   a) verser 2 c. à table [30 cc] de vinaigre et ¼ de tasse [60 cc] + 1 c. à table [15 cc] de solution colorante; répéter les étapes b) et c).

   Casserole « 1 », bain « 3 »:
   a) verser 2 c. à table [30 cc] de vinaigre et ½ tasse [120 cc] + 2 c. à table [30 cc] de solution colorante; répéter les étapes b) et c).

   Casserole « 1 », bain « 4 »:
   a) verser 2 c. à table [30 cc] de vinaigre et 1¼ tasse [300 cc] de solution colorante; répéter les étapes b) et c).

   Casserole « 1 », bain « 5 »:

a) verser 2 c. à table [30 cc] de vinaigre et 2½ tasses [600 cc] de solution colorante; répéter les étapes b) et c).

6. Retirer du feu et ajouter graduellement de l'eau froide pour baisser la température jusqu'à ce que l'eau devienne incolore.

7. Tordre puis sécher.

TEINTURES À EFFETS SPÉCIAUX

Les personnes habiles dans le domaine de la teinture apprécieront peut-être davantage l'éventail des techniques de teinture mouchetée, de teinture par immersion, de teinture de transition, de teinture au pinceau, de teinture en casserole et de teinture à base de produits naturels.

TEINTURE MOUCHETÉE

Il s'agit de tacheter un échantillon blanc ou coloré d'une ou plusieurs couleurs (ill. 51).

NÉCESSAIRE

Echantillons colorés ou non
Bain de détergent
Vinaigre ou sel non iodé
Feuille d'aluminium
Compte-gouttes
Solution colorante primaire ou poudre de teinture
Salière
Cocotte munie d'un couvercle.

Méthode

1. Tremper les échantillons dans un bain de détergent chaud additionné de vinaigre.

2. Enlever l'excédent d'eau.

3. Etendre sur une feuille d'aluminium.

4. Se servir d'un compte-gouttes et laisser tomber de la solution

colorante primaire ici et là, sur toute la surface. NE PAS TROP EMBROUILLER **(ill. 51a)**.

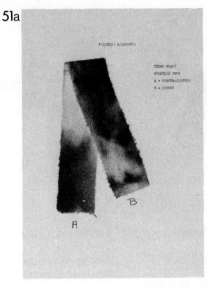

51a

Teinture mouchetée
Tissu blanc
Solution pure
A = Compte-gouttes
B = Poudre

OU parsemer de poudre les échantillons sortant du bain de détergent additionné de vinaigre; laisser tel quel ou étendre légèrement la poudre avec le dos d'une cuillère **(ill. 51b)**.

OU saupoudrer de sel non iodé puis de poudre, à l'aide d'une salière, les échantillons sortant du bain de détergent non additionné de vinaigre **(ill. 51c)**.

5. Rouler les échantillons et la feuille d'aluminium à la façon d'un gâteau roulé **(ill. 51d)**.

6. Déposer dans une cocotte et couvrir.

7. Faire pénétrer la teinture à 200 °F [93.3 °C] 10 à 20 minutes. On peut aussi se servir d'un poêlon électrique.

8. Rincer à l'eau claire, tordre pour enlever l'excédent d'eau.

9. Sécher.

51b Teinture mouchetée
Tissu blanc
Vinaigre dans le bain
ou détergent
Poudre, étendre à la cuillère

Teinture mouchetée 51c
Tissu blanc
Arroser de vinaigre
Parsemer de poudre

51 d

On peut arriver à déteindre partiellement des tissus déjà colorés à la façon de la teinture mouchetée en laissant tomber ici et là du décolorant commercial en poudre; procéder de la même façon.

Utilisation

Feuilles de rosier, de géranium
Feuilles d'érable, veines de feuilles
Clôtures
Eau
Gazon, etc . . .

TEINTURE PAR IMMERSION

Il s'agit de dégrader une couleur de façon à obtenir six tons sur un même échantillon (ill. 51-52).

52

NÉCESSAIRE

Echantillons
Bain de détergent
Solution colorante secondaire
Vinaigre
Casserole en acier inoxydable ou chaudron émaillé
Cintre
Epingles à linge de bois
Feuille d'aluminium
Cocotte munie d'un couvercle.

Méthode

1. Tremper les échantillons dans un bain de détergent chaud.
2. Verser dans la casserole de l'eau chaude, 2 c. à table [30 cc] de vinaigre et toute la solution colorante secondaire et faire mijoter à peine.
3. Fixer les échantillons sur un cintre à l'aide d'épingles à linge de bois.
4. Plonger les échantillons jusqu'au fond de la casserole tout en remuant légèrement; laisser mijoter quelques instants.
5. Retirer graduellement par 1/6 tout en remuant légèrement et laisser quelques instants pour laisser pénétrer la teinture. Répéter jusqu'à l'obtention des six tons sur un même échantillon.
6. Retirer du feu, égoutter quelque peu et déposer les échantillons sur une feuille d'aluminium.
7. Rouler échantillons et feuille d'aluminium à la façon d'un gâteau roulé.
8. Déposer dans une cocotte et couvrir.
9. Faire pénétrer la teinture à 200 °F [93.3 °C], 10 à 20 minutes.
10. Rincer à l'eau claire, tordre pour enlever l'excédent d'eau.
11. Sécher.

Utilisation

Petites fleurs, petits fruits
Petits animaux
Feuilles (teinture mouchetée sur teinture de transition)
Arrière-plan etc . . .

TEINTURE DE TRANSITION

Il s'agit de colorer une moitié d'échantillon d'une couleur (rouge par exemple), l'autre moitié d'une autre couleur (bleu par exemple) de sorte qu'il y ait trois couleurs sur un même échantillon (c'est-à-dire rouge à un bout, bleu à l'autre bout et le résultat du mélange des deux couleurs au centre, en l'occurrence violet) **(ill. 53)**.

53

NÉCESSAIRE

Echantillons
Bain de détergent
2 boîtes de 48 onces [1,70 litre] à intérieur doré
Solutions colorantes secondaires
Vinaigre
Pinces en acier inoxydable
Feuille d'aluminium
Cocotte munie d'un couvercle.

Méthode

1. Tremper les échantillons dans un bain de détergent chaud.
2. Verser de l'eau chaude dans les boîtes de 48 onces [1,70 litre], ajouter 1 c. à table [15 cc] de vinaigre; verser dans l'une la première solution colorante secondaire; dans l'autre, la seconde solution colorante secondaire.
3. Chauffer pour laisser à peine mijoter.
4. Plonger la moitié d'un échantillon dans la première boîte et l'y laisser quelques minutes; retirer du bain de teinture.
5. Plonger l'autre moitié de l'échantillon dans la deuxième boîte et l'y laisser quelques minutes; retirer du bain de teinture. Répéter les étapes 4 et 5 pour tous les échantillons.
6. Déposer les échantillons sur une feuille d'aluminium et rouler à la façon d'un gâteau roulé.
7. Déposer dans une cocotte et couvrir.
8. Faire pénétrer la teinture à 200 °F [93.3 °C], 10 à 20 minutes.
9. Rincer à l'eau claire, tordre pour enlever l'excédent d'eau.
10. Sécher.

Utilisation

Tournesol
Raisins

Cerises
Effets spéciaux.

TEINTURE AU PINCEAU

Il s'agit de nuancer un même échantillon de plusieurs couleurs et d'appliquer ces teintes au pinceau **(ill. 54)**.

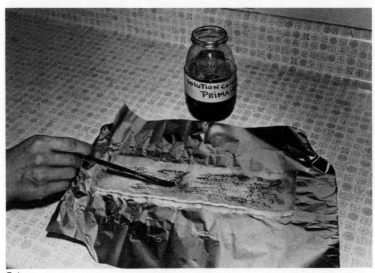

54

NÉCESSAIRE

Echantillons
Bain de détergent
Vinaigre
Solutions colorantes primaires
Pinceau
Feuille d'aluminium
Cocotte munie d'un couvercle.

Méthode

1. Tremper les échantillons dans un bain de détergent chaud additionné ou non de vinaigre.

2. Enlever l'excédent d'eau.

3. Déposer sur une feuille d'aluminium.

4. Arroser de vinaigre si le bain de détergent n'en contenait pas.

5. Appliquer les solutions colorantes primaires à l'aide d'un pinceau assez large.

6. Rouler échantillons et feuille d'aluminium à la façon d'un gâteau roulé.

7. Déposer dans une cocotte.

8. Faire pénétrer la teinture à 200 °F [93.3 °C], 10 à 20 minutes.

9. Rincer à l'eau claire, tordre pour enlever l'excédent d'eau.

10. Sécher.

TEINTURE EN CASSEROLE

Il s'agit de barioler les échantillons des couleurs primaires et secondaires **(ill. 55 a-b-c-d)**.

NÉCESSAIRE

Echantillons
Bain de détergent
Poudre de teinture
Cuillères à mesurer en acier inoxydable
Tasse à mesurer
Vinaigre
6 bocaux de 8 onces [240 cc] munis de couvercles
Grand plat émaillé peu profond.

55a

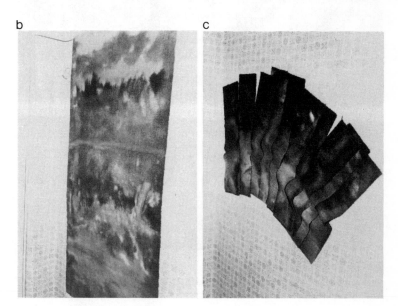

b

c

55d

« WESTMOUNT SQUARE APRÈS LA PLUIE »
Nichole B.-Langlois

Méthode

1. Tremper les échantillons dans un bain de détergent chaud.

2. Préparer les solutions colorantes (jaune, rouge, orange, vert, bleu et violet) directement dans les bocaux et de la façon suivante:

    ¾ tasse [180 cc] d'eau chaude

    ¼ tasse [60 cc] de vinaigre

    ¼ c. à thé [1,25 cc] de poudre de teinture

3. Verser ½ pouce [1,27 cm] d'eau très chaude dans un plat émaillé peu profond.

4. Y étendre deux épaisseurs d'échantillons.

5. Verser sur la largeur, côte à côte, et dans l'ordre suivant:

    1 à 2 c. à table [15 à 30 cc] de jaune

    1 à 2 c. à table [15 à 30 cc] de rouge

    1 à 2 c. à table [15 à 30 cc] d'orange

    1 à 2 c. à table [15 à 30 cc] de vert

    1 à 2 c. à table [15 à 30 cc] de bleu

    1 à 2 c. à table [15 à 30 cc] de violet

6. Etendre sur les échantillons deux autres épaisseurs de tissu.

7. Verser sur la largeur les solutions colorantes dans le même ordre.

8. Répéter les étapes 6 et 7 aussi souvent que désiré.

9. Pour obtenir des teintes très pâles, déposer, en tout dernier lieu, sur le dessus deux épaisseurs de tissu sans y verser de solutions colorantes.

10. Faire mijoter 10 à 20 minutes.

11. Retirer du feu et ajouter graduellement de l'eau froide pour baisser la température jusqu'à ce que l'eau devienne incolore.

12. Tordre pour enlever l'excédent d'eau.

13. Sécher.

Variations

Utiliser moins de six couleurs et décider soi-même d'un certain ordre pour obtenir toute une autre gamme de couleurs. Par exemple: se servir de jaune et de rouge pour obtenir toutes les nuances de jaune-orangé et de rouge-orangé; ou encore se servir de deux couleurs complémentaires, jaune et violet, de façon à obtenir toutes les teintes réussies à partir du mélange des deux.

Pour des effets spéciaux, se servir d'échantillons beaucoup plus grands et les replier les uns sur les autres pour obtenir les deux épaisseurs suggérées.

Utilisation

Fleurs
Oiseaux
Papillons
Compositions géométriques, etc . . .

TEINTURES NATURELLES

Comme il existe bon nombre de livres traitant de la teinture naturelle, libre à vous de les consulter et de faire vos propres expériences. Nous ne mentionnerons ici, que les teintures à base de pelure d'oignons (produit que l'on trouve dans toutes les maisons) et qui peuvent donner toute une gamme de teintes jaunes ou dorées.

Méthode

1. Recueillir les pelures sèches d'environ cinq livres [2,28 kg] d'oignons; conserver les pelures dans un sac de plastique jusqu'à l'obtention de la quantité requise.

2. Faire bouillir les pelures dans très peu d'eau afin d'obtenir un liquide foncé (d'une odeur assez désagréable). Ce liquide constitue la solution colorante primaire. Cette solution se conserve quelques mois dans un bocal hermétiquement fermé, au réfrigérateur.

3. Pour obtenir les six tons dégradés, procéder comme à l'ordinaire à partir de la solution colorante primaire.

8 - Technique des points

Enfin, nous en sommes à la partie pratique! Avoir l'esprit créateur, c'est bien; le mettre à exécution, c'est mieux! La composition est déjà sur papier; traduisons-la en une tapisserie qui saura lui rendre justice. Il s'agit pour l'instant de tourner le dos aux techniques de tissage d'autrefois et de renouveler l'art un peu simple et uniforme du tapis crocheté.

Nous vous offrons, dans ce chapitre, les techniques de quelque cinq points-texture et leurs dérivés, de même que dix-sept points-patrons. Mais là ne s'arrêtent pas les possibilités. Au contraire, votre esprit inventif vous fera peut-être créer vos propres points.

Il n'en tient maintenant qu'à vous de métamorphoser votre composition, en une œuvre où les surfaces planes et en relief offrent une richesse de textures et de coloris à caractère personnel. Voici l'éventail des points **(ill. 56)**.

« HAÏTIENNE »
Nichole B.-Langlois
56 Collection de M. et Mme Jacques Laverdure

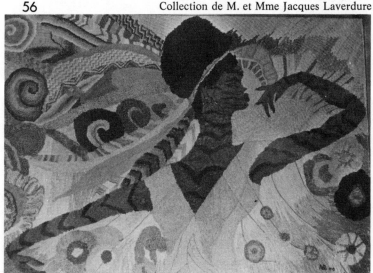

Points-texture

Point simple et ses dérivés: point renversé
    point sculpté
    point granulé (5)
    point pénélope (5)
Point de chaîne simple (5):   point de chaîne renversé
    point de chaîne double
Poinçon simple: poinçon renversé
    poinçon sculpté
    poinçon granulé

Point rya
Point noué

Points-patrons

Estompage en bloc
Point damier (5)
Point créneau
Point aztèque (5)
Point simili-tissage (5)
Point tweed
Point cheviotte
Point d'ajour
Point tartan (5)
Point maillon
Point pied-de-poule
Point pied-de-coq
Point chevron
Point totem
Point pied-de-canard
Point colonnade
Point grec

---

(5) Ted & Margaret Rowan, "Creative Approach to rug hooking" Rannie Publications, Densville, Ontario 1968.

Points-texture

POINT SIMPLE

Il s'exécute sur l'endroit de canevas de toutes sortes avec de la flanelle taillée en bandelettes au tranche-tissu (tête no 3 ou no 4) ou de la laine en écheveau, à l'aide du crochet simple ou courbé.

Méthode

Bien tendre le canevas sur le métier.

Travailler sur l'endroit du canevas sur lequel on a déjà tracé la composition (voir chapitre 11: Trucs du métier).

Piquer le crochet dans un espace du canevas, saisir le bout de la bandelette en dessous et tirer sur le dessus **(ill. 56 a-b)**.

56a

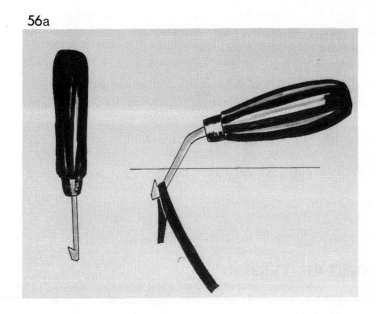

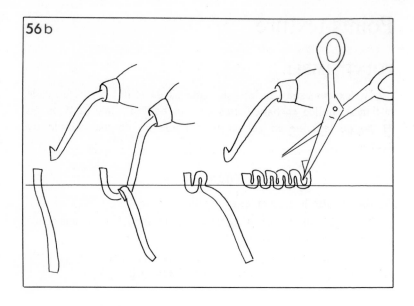

Piquer le crochet dans l'espace suivant (si le canevas est tissé serré, sauter un espace), tirer la bandelette à la hauteur désirée pour former une boucle **(ill. 57)**.

Répéter.

Ramener le bout de la bandelette à la surface pour finir.

Niveler en coupant l'excédent des bouts à l'aide des ciseaux courbés.

Quantité

Calculer 3 à 4 fois la surface à couvrir.

Utilisation

Surfaces planes de toutes sortes **(ill. 58-43)**.

POINT RENVERSÉ

Il s'exécute sur l'**envers** de canevas de toutes sortes avec des

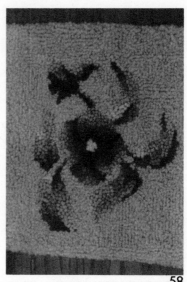

57

58

bandelettes de flanelle ou de la laine en écheveau, à l'aide du crochet simple ou courbé.

Méthode

Bien tendre le canevas sur le métier.

Travailler sur l'envers du canevas sur lequel on a déjà aussi tracé le dessin de la surface à couvrir (voir chapitre 11: Trucs du métier).

Poinçonner à la façon du point simple.

Piquer le crochet dans un espace du canevas, saisir le bout de la bandelette en dessous et tirer sur le dessus **(ill. 59 a-b)**.

Sauter plusieurs fibres et espaces (3 à 5), piquer le crochet, tirer la bandelette sur le dessus.

Répéter.

Ramener le bout de la bandelette à la surface pour finir.

Niveler en coupant l'excédent des bouts à l'aide des ciseaux courbés.

119

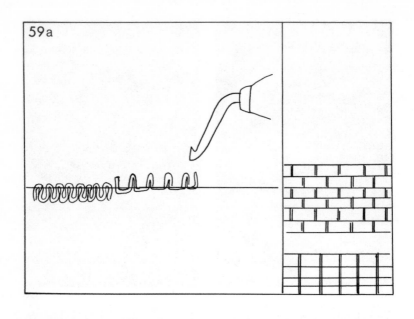

59 b

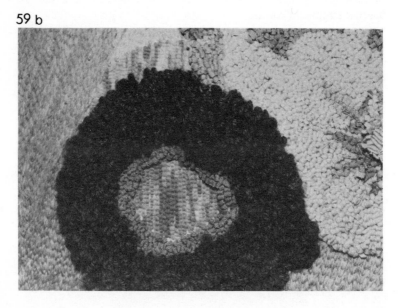

Remarque

Intervertir les débuts de chaque rang pour obtenir un travail plus uniforme.

Quantité

Calculer 3 à 4 fois la surface à couvrir.

Utilisation

Autour du point pénélope.

Près de n'importe quelle surface pour lui donner du relief.

Tiges des fleurs.

Composition géométrique, etc . . .

POINT SCULPTÉ

Il s'exécute sur l'endroit de canevas de toutes sortes avec des bandelettes de flanelle ou de la laine en écheveau, à l'aide du crochet simple ou courbé.

Méthode

Bien tendre le canevas sur le métier.

Travailler sur l'endroit du canevas sur lequel on a déjà tracé la composition (voir chapitre 11: Trucs du métier).

Poinçonner à la façon du point simple.

Tasser les boucles le plus possible pour donner un effet touffu (ceci est primordial, car une boucle coupée couvre moins de surface).

Poinçonner tout d'abord une partie du contour de l'objet avec des boucles de hauteur normale.

Tirer légèrement plus haut (⅛ de pouce ou .04 cm) les boucles du rang suivant et ainsi de suite jusqu'à ce que tout l'espace à couvrir soit comblé. Cette façon de procéder donne un relief arrondi **(ill. 60 a-b)**.

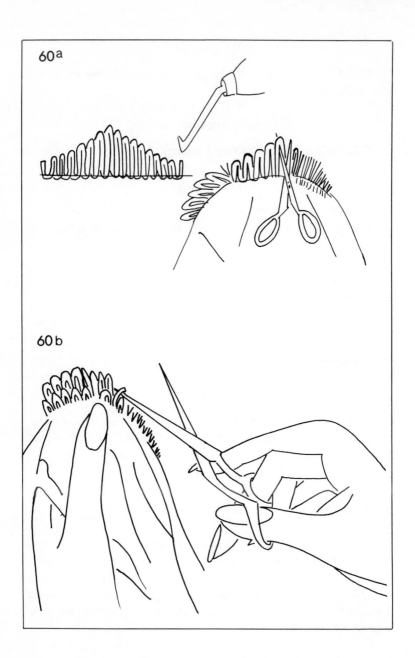

60 a

60 b

Couper chacune des boucles à l'aide des ciseaux courbés.

Ciseler pour donner la touche finale et rendre uniforme.

Remarque

Les deux dernières opérations se font plus aisément si on enlève le canevas du métier; fléchir ou courber le canevas pour permettre de ciseler plus près de sa surface.

Badigeonner l'arrière du point sculpté d'une solution de deux parties de colle pour une partie d'eau puis sécher (ceci est important dans le cas où les boucles sont courtes et coupées).

Quantité

Calculer entre 6 et 9 fois la surface à couvrir (selon la hauteur des boucles).

Utilisation

Donner une troisième dimension aux surfaces arrondies, soulevées, sculptées ou en relief (ill. 61-41).

POINT GRANULÉ

Il s'exécute sur l'endroit de canevas de toutes sortes avec des bandelettes de flanelle ou de la laine en écheveau, à l'aide du crochet simple ou courbé.

Méthode

Bien tendre le canevas sur le métier.

Travailler sur l'endroit du canevas sur lequel on a déjà tracé la composition (voir chapitre 11: Trucs du métier).

Poinçonner à la façon du point simple.

A toutes les 4 ou 6 boucles, tirer la boucle 2 à 3 fois plus haut (ou plus si désiré), que les autres boucles (ill. 62).

« OASIS »
Marcelle Vincent

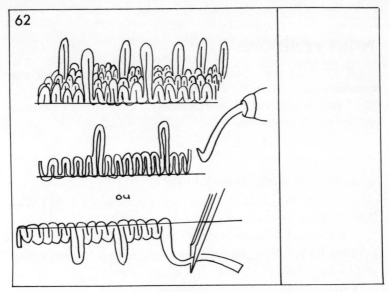

Remarque

Disperser ces longues boucles de façon irrégulière.

Variations

Une fois la surface recouverte de points simples, poinçonner ici et là de longues boucles avec d'autres fibres ou matières textiles: lanières de cuir, de daim, fibres de raphia, etc . . .

Quantité

Calculer 4 à 5 fois la surface à couvrir.

Utilisation

Cœur des fleurs, chrysanthèmes.

Ciel, nuages.

Jardins, champs.

Arbres.

Composition géométrique pour en briser la monotonie **(ill. 42 a-b)**.

POINT PÉNÉLOPE

Il s'exécute sur l'endroit de canevas de toutes sortes **uniquement** avec de la flanelle taillée en bandes de ½ pouce [1,25 cm] aux ciseaux ou au tranche-tissu (tête no 8) à l'aide du crochet simple ou courbé.

Méthode

Bien tendre le canevas sur le métier.

Travailler sur l'endroit du canevas sur lequel on a déjà tracé la composition (voir chapitre 11: Trucs du métier).

Poinçonner à la façon du point simple.

Tirer les boucles beaucoup plus haut que pour le point simple jusqu'à 1½ pouce [3,75 cm].

Laisser plusieurs fibres et espaces entre chaque boucle à cause de la largeur des bandes **(ill. 63)**.

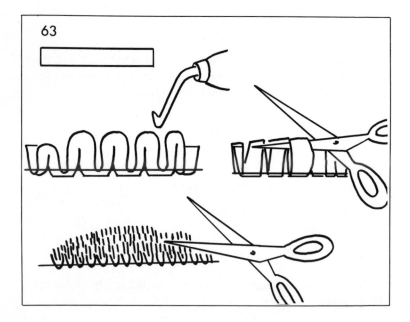

Remarque

Soutenir la surface de points pénélope en poinçonnant, tout autour, quelques rangs de points renversés ou de points de chaîne.

Variations

Harmoniser des tons de diverses couleurs.

Couper les boucles à l'aide des ciseaux courbés pour obtenir une texture rugueuse.

Ciseler en taillant les boucles à diverses hauteurs.

Poinçonner puis donner du relief à la façon du point sculpté pour donner une troisième dimension.

Quantité

Calculer entre 6 et 9 fois la surface à couvrir.

Utilisation

Soleil
Montagnes
Végétation intense
Fleurs
Animaux
Cheveux

Effets spéciaux de texture dans les compositions géométriques (ill. 64).

POINT DE CHAÎNE

Il s'exécute sur l'endroit de canevas de toutes sortes avec des bandelettes de flanelle ou de la laine en écheveau, à l'aide du crochet simple ou courbé.

Méthode

Bien tendre le canevas sur le métier.

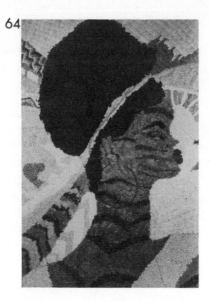

64

Travailler sur l'endroit du canevas sur lequel on a déjà tracé la composition (voir chapitre 11: Trucs du métier).

Piquer le crochet dans un espace du canevas, saisir la laine ou la flanelle en dessous puis tirer sur le dessus une boucle 3 fois plus haute que celle du point simple tout en laissant un grand bout de laine en dessous du canevas **(ill. 65 a-b-c)**.

A l'aide du crochet, diriger la boucle du côté désiré de façon à l'aplatir sur le canevas.

Sans soulever le crochet, poinçonner à cet endroit et tirer une autre boucle de même longueur (la deuxième boucle tient la première en place).

Répéter.

Ancrer la laine en tirant le bout sur le dessus à travers la dernière boucle, le passer par-dessus l'extrémité de la boucle puis ramener en dessous en tirant de l'envers avec le crochet.

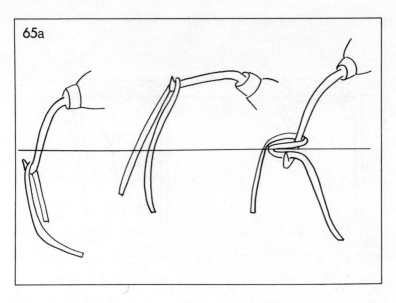

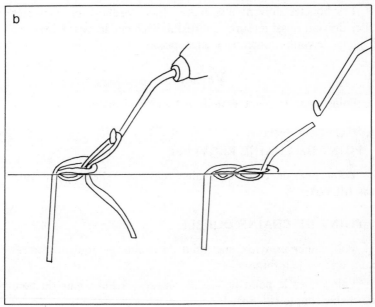

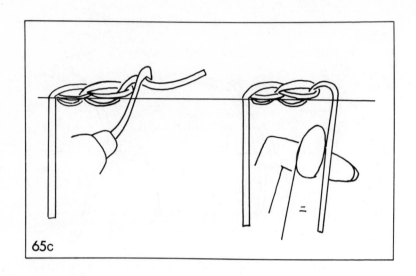

65c

Remarque

Les boucles doivent être plates (non tordues) et régulières. Elles doivent aussi mesurer approximativement la même longueur à moins de vouloir obtenir un effet spécial.

Variations

Poinçonner le point granulé à l'intérieur du point de chaîne **(ill. 66)**.

POINT DE CHAÎNE RENVERSÉ

Poinçonner le point de chaîne renversé à l'envers du canevas **(ill. 66)**.

POINT DE CHAÎNE DOUBLE

Poinçonner un deuxième point de chaîne de couleur contrastante à l'intérieur du premier.

Poinçonner le point de chaîne renversé à l'intérieur du point de chaîne simple **(ill. 66)**.

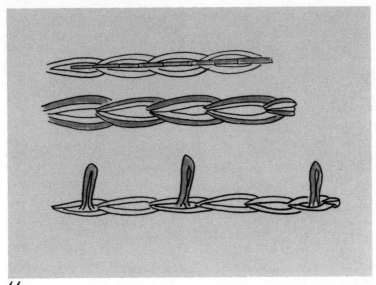

66

Quantité

Calculer 3 à 4 fois la surface à couvrir.

Utilisation

Arrière-plan
Eau
Ciel
Arbres
Effet de texture dans une composition géométrique, etc . . .
(ill. 67 a-b, 41).

POINÇON SIMPLE

Il s'exécute sur l'**envers** du canevas de toutes sortes uniquement avec de la laine, à l'aide du poinçon.

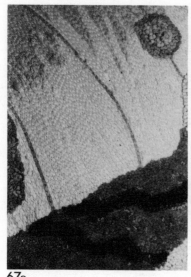 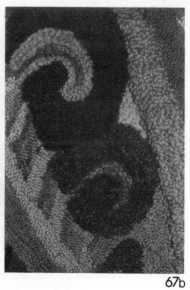

67a 67b

« Siesta »
Nichole B.-Langlois
Collection Dr et Mme Jules-E. Lemay

67

Méthode

Bien tendre le canevas sur le métier.

Poinçonner sur l'envers du canevas sur lequel on a déjà aussi tracé le dessin de la surface à couvrir (voir chapitre 11: Trucs du métier).

Enfiler le poinçon en passant la laine dans l'ouverture la plus proche du manche de l'extérieur vers l'intérieur de la tige de métal semi-cylindrique; glisser la laine à l'intérieur de la tige et la passer à travers le chas vers l'extérieur; tirer sur la laine pour laisser 4 à 6 pouces [10 à 15 cm] de jeu.

S'assurer que la laine glisse librement dans le chas du poinçon **(ill. 68 a-b-c)**.

Se servir du cran d'arrêt ou non selon la longueur des boucles désirées.

68a

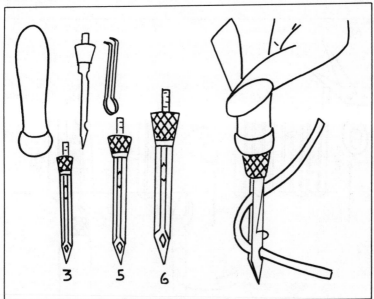

3   5   6

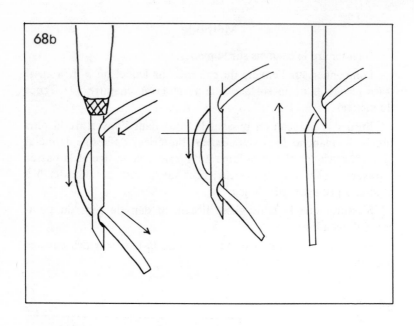

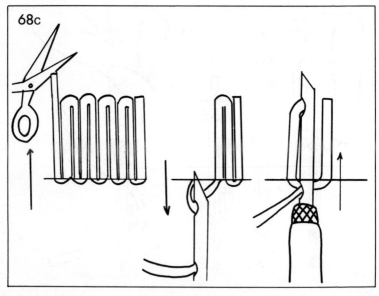

Tenir le poinçon verticalement et piquer dans un espace du canevas tout en enfonçant jusqu'au cran d'arrêt ou jusqu'au manche; saisir des doigts le bout de laine puis retirer le poinçon sans soulever au-dessus de la surface; ceci empêche l'inégalité et évite de défaire la boucle précédente.

Sauter 2 ou 3 espaces.

Piquer le poinçon, puis le retirer tout en tenant des doigts la boucle formée **(ill. 69)**.

69

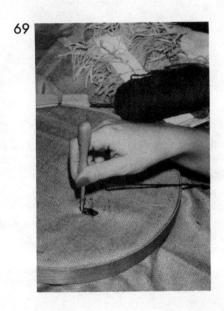

Répéter.

Pour finir, piquer le poinçon, tirer quelque peu sur la laine et couper **(ill. 70)**.

Remarques

S'assurer que toutes les boucles ressortent à l'endroit du travail en les retenant des doigts à mesure qu'elles se forment.

70

Badigeonner l'arrière de la tapisserie au poinçon d'une solution de deux parties de colle pour une partie d'eau, puis laisser sécher, (ceci est particulièrement important dans le cas où les boucles sont courtes ou coupées).

Variations

Se servir de deux ou trois brins de laine.

Mêler des laines de différentes épaisseurs, textures et couleurs.

Former des boucles plus ou moins longues en se servant du cran d'arrêt ou non.

Couper les boucles.

POINÇON RENVERSÉ

Poinçonner à la façon du point simple renversé.

ATTENTION

Travailler sur l'**endroit** du canevas.

POINÇON GRANULÉ

Poinçonner sur l'envers du canevas à la façon du point simple granulé en allongeant ici et là les boucles de façon à créer un effet de texture.

POINÇON SCULPTÉ

Poinçonner sur l'**envers** du canevas à la façon du point simple sculpté: poinçonner le contour de l'objet ou la première rangée de boucles de hauteur normale, puis allonger de plus en plus les boucles des rangées subséquentes. Couper chacune des boucles à l'aide des ciseaux courbés. Ciseler pour donner la touche finale **(ill. 71-44)**.

71

« TOUT FEU TOUT FLAMME »
Thérèse-Marie Perrier

POINTS-PATRONS

Ces derniers peuvent aussi s'exécuter au poinçon. Se souvenir que le patron sera alors inversé.

Quantité

Calculer environ 5 à 6 onces [140 à 179 grammes] le pied carré [30 cm^2] pour les boucles courtes; les boucles plus longues nécessitent plus de laine.

Utilisation

Surfaces planes de toutes sortes.

Surfaces sculptées ou en relief.

Surfaces à accentuer d'une troisième dimension.

POINT RYA

Il s'exécute sur l'endroit de jute de bonne qualité, de toile de bure ou de toile spéciale à fils tirés vendue dans le commerce à cet effet, avec de la laine, à l'aide d'une aiguille, courbée ou non, à bout rond.

Méthode

Pour élargir un tissu, chevaucher deux pièces à la lisière puis coudre à la machine.

Ourler la partie coupée ou y coudre du ruban à tapis.

A moins d'utiliser la toile spéciale à fils tirés, préparer le tissu en tirant un fil, d'une lisière à l'autre, à tous les quatre ou six rangs (selon que l'on veut un effet plus ou moins touffu) et ceci au fur et à mesure que le travail progresse plutôt que tous à la fois, car les vides ainsi produits disparaîtront.

Se servir d'un guide de carton ou d'une tringle de bois taillée à la hauteur désirée (1½ à 3 pouces) [3,75 à 7,5 cm] pour régler la hauteur des boucles.

Travailler de bas en haut et de gauche à droite sur l'endroit du canevas sur lequel on a déjà tracé la composition (voir chapitre 11: Trucs du métier).

Enfiler l'aiguille à bout rond d'un ou plusieurs brins de laine (selon son épaisseur et l'effet désiré) **(ill. 71a)**.

71a

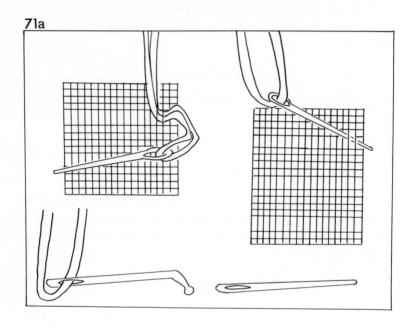

Passer l'aiguille dans l'espace réservé à cet effet sous deux fils de chaîne puis tirer tout en laissant dépasser un bout de laine de 1½ à 3 pouces [3,75 à 7,5 cm] selon le cas.

Passer l'aiguille sous les deux fils suivants puis tirer la laine tout en dirigeant l'aiguille vers soi **(ill. 71b)**.

Entourer le guide de la laine de l'avant vers l'arrière et passer l'aiguille sous les deux fils suivants puis tirer en dirigeant l'aiguille loin de soi.

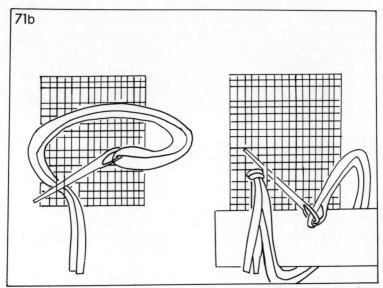

Passer l'aiguille sous les deux fils suivants puis tirer en dirigeant l'aiguille vers soi. Les deux dernières étapes forment le nœud **(ill. 71 c-d-e)**.

La deuxième partie du nœud doit être aussi haute que la première; dans le cas où il ne reste pas suffisamment de laine, se servir d'une autre aiguillée; il vaut mieux perdre un peu de laine plutôt que de gâcher l'effet.

Remarque

La production d'un rya destiné au plancher requiert de la laine naturelle et non de la laine synthétique.

Quantité

Calculer 8 onces [225 grammes] de laine le pied carré [30 cm carrés] ou doubler les quantités pour un rya plus touffu à boucles plus longues. OU faire un échantillon d'un pied carré [30 cm carrés] de nœuds de la longueur voulue, le peser et multiplier par le nombre de pieds carrés [cm carrés] du rya à confectionner.

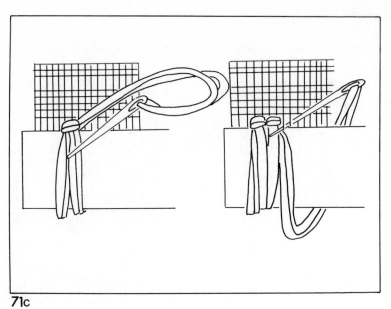

71c

d

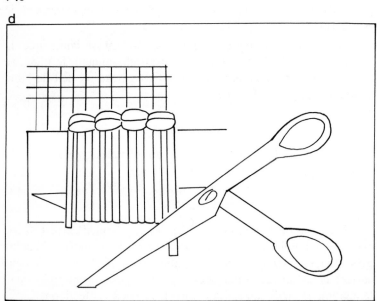

71e

Variations

Jouer avec la longueur des boucles rya dans un même morceau.

Ne faire que le nœud pour une surface plane.

Couper ou non les boucles **(ill. 72)**.

POINT NOUÉ

Il s'exécute sur l'endroit de canevas de Smyrne **(ill. 73a)** ou de « Dobby Cloth » **(ill. 73b)** avec de la laine, à l'aide du crochet à clenche.

Méthode

Travailler sur l'endroit du canevas sur lequel on a déjà tracé la composition (voir chapitre 11: Trucs du métier).

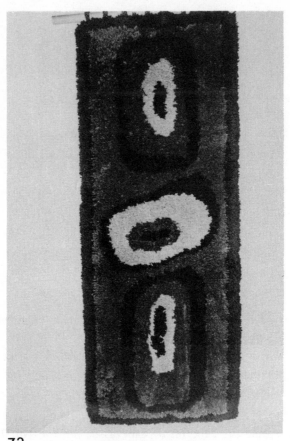

72

« LUMIÈRES DANS LA NUIT »
Thérèse-Marie Perrier

73a

b

Sectionner la laine à l'aide du coupe-laine ou encore s'en fabriquer un: se servir de deux longs cartons de largeur égale à la hauteur désirée du nœud, 2 pouces [5 cm] ou plus mais pas moins de 1½ pouce [3,75 cm], car le nœud ne restera pas noué. Enrouler la laine autour des cartons sans la serrer puis couper d'un seul côté.

Pour obtenir un dessus propre, tourner 1 pouce [2,5 cm] des côtés du canevas vers l'endroit et travailler les deux épaisseurs à la fois. OU crocheter une maille simple à l'aide d'un crochet à tricot tout autour de la surface à couvrir.

A — Ouvrir la clenche du crochet, insérer ce dernier sous un fil de trame du canevas **(ill. 74 a-b-c-d)**.

Pousser plus loin pour saisir le milieu de la laine.

Retirer le crochet pour fermer la clenche et y maintenir la laine.

74a

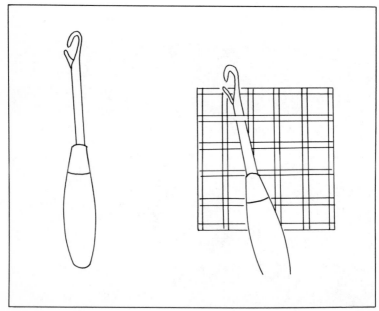

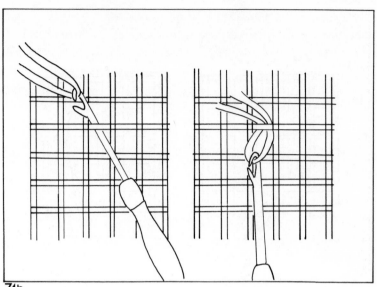

74b

c

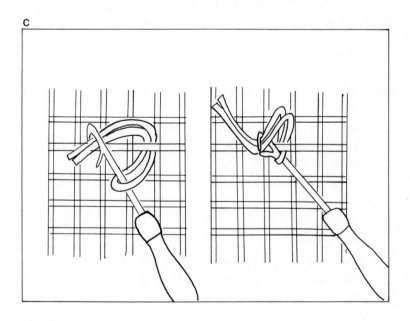

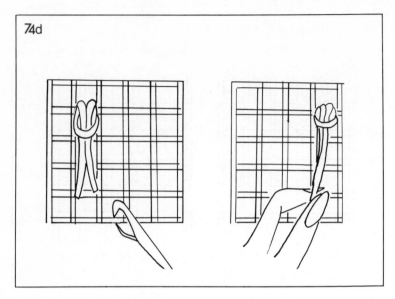

Repousser le crochet au-dessus du fil de trame vers les extrémités de la laine pour ouvrir à nouveau la clenche, y glisser les bouts de laine et retirer pour nouer.

Répéter.

OU

B — Placer la laine autour du crochet, près du manche **(ill. 75 a-b-c)**.

Passer le crochet sous un fil de trame du canevas.

Insérer, dans la clenche ouverte, les deux bouts égaux de laine.

Tirer pour nouer (la clenche se ferme automatiquement).

Répéter.

Remarque

Se servir de laine 6 plis ou doubler la laine 4 plis.

Mêler des laines de couleurs, d'épaisseurs et de textures différentes.

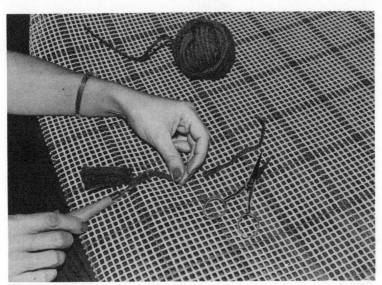

75a

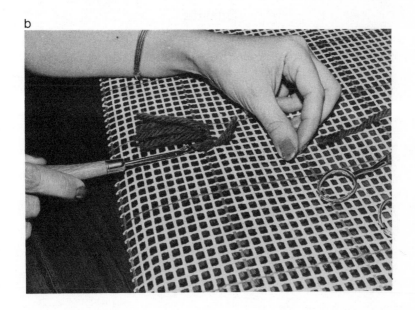

b

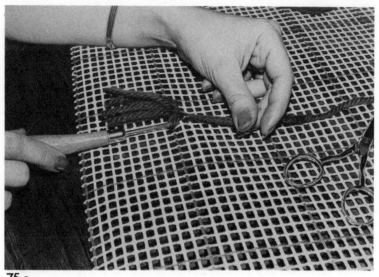

75 c

Quantité

16 onces [450 grammes] de laine couvrent 6½ carrés de 3 pouces [7,5 cm] du canevas de Smyrne ou 58½ pouces carrés [146 cm carrés] OU faire un échantillon d'un carré du canevas de Smyrne soit 9 pouces carrés [22,5 cm carrés] de nœuds de la longueur voulue, le peser et multiplier par la surface à couvrir **(ill. 76)**.

Points-patrons

Tous les points-patrons, ci-après expliqués, peuvent se réaliser aussi gros qu'on le désire; on n'a qu'à jouer avec le nombre de boucles les constituant. Ne négligez pas de varier les textures des laines employées pour rendre ces points; vous ferez alors d'une pierre deux coups, car vous allierez l'effet tactile à l'impression visuelle **(ill. 77)**.

76

« SQUARES »
Irmgard Thiele

77

ESTOMPAGE EN BLOC

Il s'exécute sur l'endroit de canevas de toutes sortes avec des bandelettes de flanelle ou de la laine en écheveau de plusieurs couleurs ou de plusieurs tons, à l'aide du crochet simple ou courbé.

Méthode

Bien tendre le canevas sur le métier.

Travailler sur l'endroit du canevas sur lequel on a déjà tracé la composition (voir chapitre 11: Trucs du métier).

Poinçonner à la façon du point simple en estompant grosso-modo les surfaces ou en contrastant les surfaces pâles et les surfaces foncées **(ill. 78)**.

Quantité

Calculer 3 à 4 fois la surface à couvrir.

78

Utilisation

Feuilles
Montagnes
Arrière-plan
Cœur des fleurs
Soleil couchant
Horizon
Composition géométrique, etc... **(ill. 79 a-b, 41, 56).**

POINT DAMIER

Il s'exécute sur l'endroit de canevas de toutes sortes avec des bandelettes de flanelle ou de la laine en écheveau de deux couleurs contrastantes, à l'aide du crochet simple ou courbé.

153

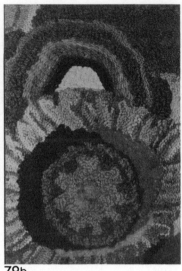

79a   79b

Méthode

Bien tendre le canevas sur le métier.

Travailler sur l'endroit du canevas sur lequel on a déjà tracé la composition (voir chapitre 11: Trucs du métier).

Poinçonner à la façon du point simple tout en laissant un espace et deux fibres entre chaque boucle de manière à imiter des carrés **(ill. 80)**.

Travailler de haut en bas et de gauche à droite.

A2	A1			A4	A3	A2	A1	B1	B2	B3	B4
A3	A4		OU	A5	A6	A7	A8	B8	B7	B6	B5
		A5	A6	A12	A11	A10	A9	B9	B10	B11	B12
		A8	A7	A13	A14	A15	A16	B16	B15	B14	B13
		B1	B2	B20	B19	B18	B17	A17	A18	A19	A20
		B4	B3	B21	B22	B23	B24	A24	A23	A22	A21
B6	B5			B28	B27	B26	B25	A25	A26	A27	A28
B7	B8			B29	B30	B31	B32	A32	A31	A30	A29

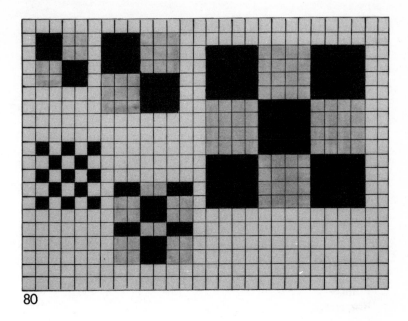

80

PREMIÈRE SÉRIE DE DAMIERS
COULEUR A

Poinçonner de couleur A (selon le diagramme) le premier carré de gauche, le deuxième carré de droite, le troisième carré de gauche, le quatrième carré de droite, etc... jusqu'au bas de la surface à couvrir.

COULEUR B

Poinçonner de couleur B (selon le diagramme) le premier carré de droite, le deuxième carré de gauche, le troisième carré de droite, le quatrième carré de gauche, etc... jusqu'au bas de la surface à couvrir.

Répéter pour des séries additionnelles.

Remarque

Poinçonner un nombre égal de boucles de tous côtés de façon à former un carré et non un rectangle pour chaque couleur.

Variations

Se servir de plus de deux couleurs.
Mêler des carrés et des rectangles de dimensions diverses.

Quantité

Calculer 3 à 4 fois la surface à couvrir.

Utilisation

Vêtements
Planchers
Edifices
Briquetage
Effets de perspective
Composition géométrique **(ill. 32)**.

POINT CRÉNEAU

Il s'exécute sur l'endroit de canevas de toutes sortes avec des bandelettes de flanelle ou de la laine en écheveau de deux couleurs contrastantes, à l'aide du crochet simple ou courbé.

Méthode

Bien tendre le canevas sur le métier.

Travailler sur l'endroit du canevas sur lequel on a déjà tracé la composition (voir chapitre 11: Trucs du métier).

Poinçonner à la façon du point simple tout en laissant un espace et deux fibres entre chaque boucle de manière à imiter une série de « U » **(ill. 81a)**.

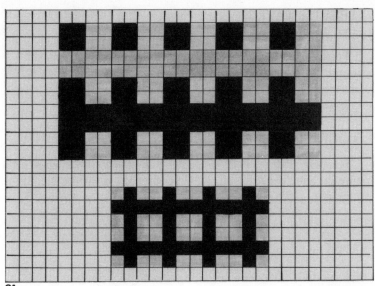

81a

Travailler de gauche à droite et de haut en bas.

A3	A4			A11	A12			A19	A20		
A2	A5			A10	A13			A18	A21		
A1	A6	A7	A8	A9	A14	A15	A16	A17	A22	A23	A24

B1	B6	B7	B8	B9	B14	B15	B16	B17	B22	B23	B24
B2	B5			B10	B13			B18	B21		
B3	B4			B11	B12			B19	B20		

A3	A4			A11	A12			A19	A20		
A2	A5			A10	A13			A18	A21		
A1	A6	A7	A8	A9	A14	A15	A16	A17	A22	A23	A24
B1	B6	B7	B8	B9	B14	B15	B16	B17	B22	B23	B24
B2	B5	A5	A6	B10	B13	A13	A14	B18	B21	A21	A22
B3	B4	A4	A7	B11	B12	A12	A15	B19	B20	A20	A23
A1	A2	A3	A8	A9	A10	A11	A16	A17	A18	A19	A24
B1	B2	B3	B8	B9	B10	B11	B16	B17	B18	B19	B24
		B4	B7			B12	B15			B20	B23
		B5	B6			B13	B14			B21	B22

PREMIER PATRON
COULEUR A

Poinçonner de couleur A (selon le diagramme) la partie supérieure du point créneau jusqu'à l'extrémité droite de la surface à couvrir.

Répéter le patron pour remplir la surface à couvrir.

COULEUR B

Poinçonner de couleur B (selon le diagramme) la partie inférieure du point créneau jusqu'à l'extrémité de la surface à couvrir.

Répéter le patron pour remplir la surface à couvrir.

Variations

Se servir de plus de deux couleurs.

Poinçonner une des couleurs à la façon du point granulé.

Poinçonner une des couleurs à la façon du point renversé.

Poinçonner le point créneau à la façon d'un « H » de même couleur (ill. 81b).

Couleur A: Poinçonner de couleur A les couleurs A et B du premier patron.

Couleur B: Poinçonner de couleur B les couleurs A et B du deuxième patron.

Quantité

Calculer 3 à 4 fois la surface à couvrir.

Utilisation

Grille
Bordures
Clôtures
Arrière-plan
Composition géométrique (ill. 82 a-b).

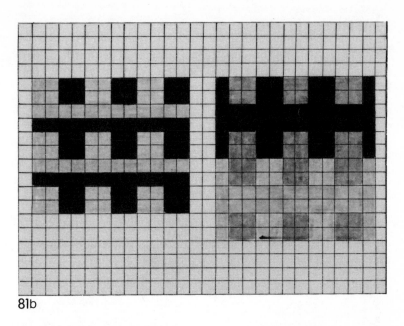

81b

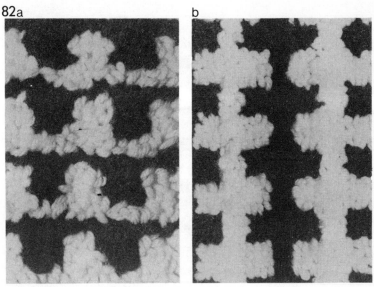

82a   b

POINT AZTÈQUE

Il s'exécute sur l'endroit de canevas de toutes sortes avec des bandelettes de flanelle ou de la laine en écheveau de trois couleurs contrastantes, à l'aide du crochet simple ou courbé.

Méthode

Bien tendre le canevas sur le métier.

Travailler sur l'endroit du canevas sur lequel on a déjà tracé la composition (voir chapitre 11: Trucs du métier).

Poinçonner à la façon du point simple tout en laissant un espace et deux fibres entre chaque boucle de manière à imiter un escalier **(ill. 83a)**.

83a

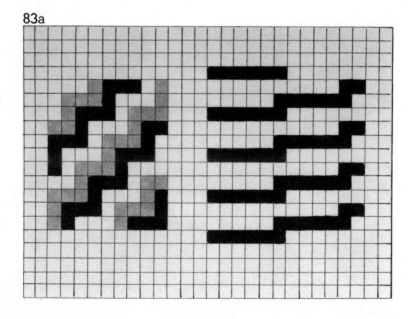

Travailler de droite à gauche et de haut en bas.

```
                                                A1
                                                A2
                                       A5  A4  A3
                                           A6
                              A9  A8  A7
                                  A10
                         A13 A12 A11
                              A14
               A17 A16 A15
                    A18                              B2  B1
     A21 A20 A19                                     B3
                                       B6  B5  B4
                                           B7
                              B10  B9  B8
                                  B11
                    B14 B13 B12                      C1
                    B15                              C2
                                       C5  C4  C3
                                           C6
                              C9  C8  C7
                                  C10
                         C13 C12 C11
                                                A1
                                                A2
                                       A5  A4  A3
                                           A6  B2  B1
                              A9  A8  A7  B3  C1
                                  A10 B6  B5  B4  C2
                         A13 A12 A11 B7  C5  C4  C3
                              A14 B10 B9  B8  C6
               A17 A16 A15 B11 C9   C8  C7
                    A18 B14 B13 B12 C10
     A21 A20 A19  B15 C13 C12 C11
```

161

PREMIÈRE SÉRIE DE COULEURS

COULEUR A

Poinçonner de couleur A (selon le diagramme) le point aztèque jusqu'au bas de la surface à couvrir.

COULEUR B

Poinçonner la couleur B (selon le diagramme) tout en suivant le patron déjà ébauché par la couleur A jusqu'au bas de la surface à couvrir.

COULEUR C

Poinçonner de couleur C (selon le diagramme) tout en suivant le patron jusqu'au bas de la surface à couvrir.

Répéter pour des séries additionnelles.

Variations

Créer un effet spécial en diagonale en utilisant deux couleurs fortes et une couleur faible.

Se servir de plus de trois couleurs **(ill. 83 b-c)**.

Se servir des six tons de l'estompage.

POINT JACQUARD

Se servir de deux couleurs **(ill. 83a-84)**.

Couleur A: Poinçonner le point aztèque modifié: 6 boucles à l'horizontale, 2 boucles à la verticale.

Répéter le point jacquard à des intervalles réguliers de 2 espaces (toujours 2 espaces plus bas).

Couleur B: Remplir les espaces vides de couleur B tout en poinçonnant à la façon du point aztèque.

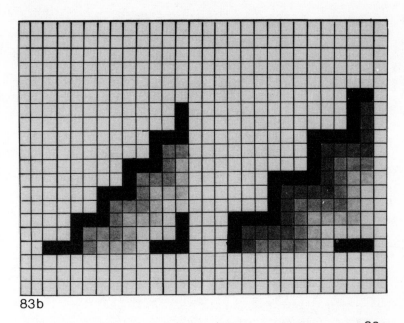

83b

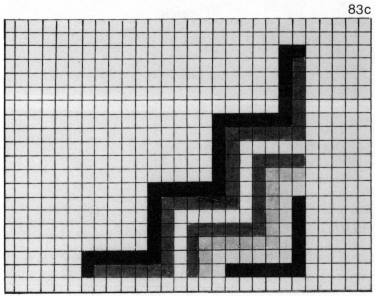

84

Quantité

Calculer 3 à 4 fois la surface à couvrir.

Utilisation

Poterie
Motifs mexicains
Tissus
Escaliers
Edifices
Sapins
Composition géométrique **(ill. 85)**.

POINT SIMILI-TISSAGE

Il s'exécute sur l'endroit de canevas de toutes sortes avec des bandelettes de flanelle ou de la laine en écheveau de deux couleurs contrastantes, à l'aide du crochet simple ou courbé.

Méthode

Bien tendre le canevas sur le métier.

Travailler sur l'endroit du canevas sur lequel on a déjà tracé la composition (voir chapitre 11: Trucs du métier).

Poinçonner à la façon du point simple tout en laissant un espace et deux fibres entre chaque boucle de manière à imiter un escalier (ill. 86).

Travailler de droite à gauche et en diagonale.

```
                          A1
                      A4  A3  A2
              A7  A6  A5      A1
          A10 A9  A8      A4  A3  A2
    A13 A12 A11     A7  A6  A5
    A14     A10 A9  A8
    A13 A12 A11
    A14
```

```
                                          A1
                                      A4  A3  A2
                              A7  A6  A5  B1  A1
                          A10 A9  A8  B2  A4  A3  A2
                  A13 A12 A11 B3  A7  A6  A5
                  A14 B4  A10 A9  A8
                  A13 A12 A11
                  A14
```

Première série de simili-tissage

COULEUR A

Poinçonner de couleur A (selon le diagramme) la partie supérieure du patron jusqu'au bas de la surface à couvrir ou l'extrémité gauche selon le cas.

Poinçonner de couleur A (selon le diagramme) la partie inférieure du patron, immédiatement au-dessous et de la même façon jusqu'au bas de la surface à couvrir de manière à former des carrés vides.

85

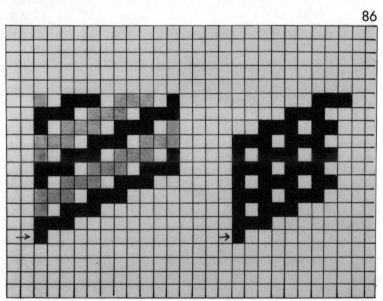

86

COULEUR B

Poinçonner de couleur B (selon le diagramme) les centres des carrés laissés libres par le patron.

Répéter pour des séries additionnelles.

Variations

Se servir de deux couleurs dominantes et d'une plus pâle pour créer un effet de diagonale.

Se servir des six tons de l'estompage et d'une couleur contrastante.

Poinçonner la couleur contrastante à la façon du point granulé.

Quantité

Calculer 3 à 4 fois la surface à couvrir.

Utilisation

Tissus
Fenêtres
Edifices
Bordures
Route à cailloux
Rocaille
Champs
Arrière-plan
Composition géométrique **(ill. 77)**.

POINT TWEED

Il s'exécute sur l'endroit de canevas de toutes sortes avec des bandelettes de flanelle ou de la laine en écheveau de deux couleurs contrastantes, à l'aide du crochet simple ou courbé.

Méthode

Bien tendre le canevas sur le métier.

Travailler sur l'endroit du canevas sur lequel on a déjà tracé la composition (voir chapitre 11: Trucs du métier).

Poinçonner à la façon du point simple tout en laissant un espace et deux fibres entre chaque boucle de manière à imiter un « L » que ce dernier soit à l'endroit ou inversé **(ill. 87)**.

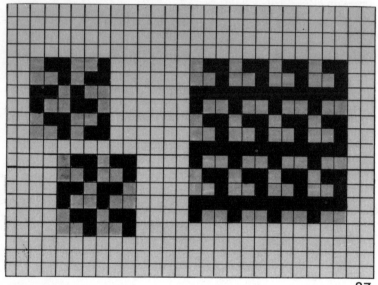

87

Travailler de haut en bas et de gauche à droite.

A1				B1	B2		A1	B1	B2
A2	A3				B3		A2	A3	B3
		A4	B5	B4			B5	B4	A4
	A6	A5	B6				B6	A6	A5
A7				B7	B8		A7	B7	B8
A8	A9				B9		A8	A9	B9
		A10	B11	B10			B11	B10	A10
	A12	A11	B12				B12	A12	A11

Première série de point tweed

COULEUR A

Poinçonner de couleur A (selon le diagramme), la partie gauche du premier patron, la partie droite du deuxième; répéter jusqu'au bas de la surface à couvrir.

COULEUR B

Poinçonner de couleur B (selon le diagramme), la partie droite du premier patron, la partie gauche du deuxième; répéter jusqu'au bas de la surface à couvrir.

Répéter pour des séries additionnelles.

Variations

Se servir de plus de deux couleurs.

Poinçonner une des couleurs à la façon du point granulé.

Poinçonner une des couleurs à la façon du point renversé.

Quantité

Calculer 3 à 4 fois la surface à couvrir.

Utilisation

Rocaille
Champs
Arrière-plan
Tissus
Composition géométrique **(ill. 88 a-b)**.

POINT CHEVIOTTE

Il s'exécute sur l'endroit de canevas de toutes sortes avec des bandelettes de flanelle ou de la laine en écheveau de deux couleurs contrastantes, à l'aide du crochet simple ou courbé.

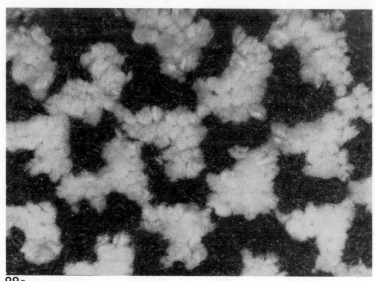

88a

Méthode

Bien tendre le canevas sur le métier.

Travailler sur l'endroit du canevas sur lequel on a déjà tracé la composition (voir chapitre 11: Trucs du métier).

Poinçonner à la façon du point simple tout en laissant un espace et deux fibres entre chaque boucle de manière à imiter un escalier dont les marches sont de plus en plus hautes **(ill. 89)**.

Travailler en diagonale, et de haut en bas.

```
A1                          B1  B2
A2  A4                          B3
A3  A5                          B4
    A6  A8                          B5
    A7  A9                          B6
        A10                         B7  B8
            A11                         B9  B10
            A12  A14                        B11
            A13  A15                        B12
                A16  A18                        B13
                A17  A19                        B14
                    A20                         B15  B16
```

```
A1  B1  B2  A1  B1  B2
A2  A4  B3  A2  A4  B3
A3  A5  B4  A3  A5  B4
    A6  A8  B5  A6  A8  B5
    A7  A9  B6  A7  A9  B6
        A10 B7  B8  A10 B7  B8
            A11 B9  B10 A11 B9  B10
            A12 A14 B11 A12 A14 B11
            A13 A15 B12 A13 A15 B12
                A16 A18 B13 A16 A18 B13
                A17 A19 B14 A17 A19 B14
                    A20 B15 B16 A20 B15 B16
```

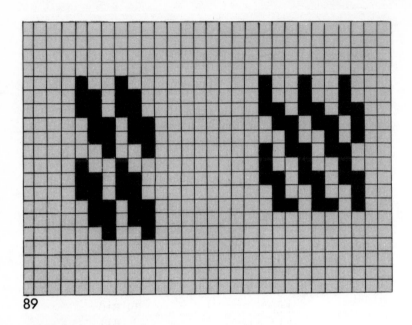

89

PREMIER PATRON

COULEUR A

Poinçonner de couleur A (selon le diagramme), et en diagonale, la partie gauche du premier patron jusqu'au bas de la surface à couvrir.

COULEUR B

Poinçonner de couleur B (selon le diagramme), et en diagonale, la partie droite du premier patron jusqu'au bas de la surface à couvrir.

Variations

Se servir de plus de deux couleurs.

Poinçonner une des couleurs à la façon du point granulé.

Poinçonner une des couleurs à la façon du point renversé.

172

Quantité

Calculer 3 à 4 fois la surface à couvrir.

Utilisation

Tissus
Arrière-plan
Composition géométrique **(ill. 90)**.

90

POINT D'AJOUR

Il s'exécute sur l'endroit de canevas de toutes sortes avec des bandelettes de flanelle ou de la laine en écheveau de deux couleurs contrastantes, à l'aide du crochet simple ou courbé.

Méthode

Bien tendre le canevas sur le métier.

Travailler sur l'endroit du canevas sur lequel on a déjà tracé la composition (voir chapitre 11: Trucs du métier).

Poinçonner à la façon du point simple tout en laissant un espace et deux fibres entre chaque boucle de manière à imiter un « I » (ill. 91).

Travailler de gauche à droite et de haut en bas.

```
A1  A2  A3  A12 A13 A14
    A4          A11         B1      B2  B3      B4
A5  A6  A7  A8  A9  A10
A1  A2  A3  A12 A13 A14
B1  A4  B2  B3  A11 B4
A5  A6  A7  A8  A9  A10
A1  A2  A3  A12 A13 A14
B1  A4  B2  B3  A11 B4
A5  A6  A7  A8  A9  A10
```

OU

```
A1   A2   A3   A4   A5   A6   A51  A52  A53  A54  A55  A56
A12  A11  A10  A9   A8   A7   A50  A49  A48  A47  A46  A45
B1   B2   A13  A15  B3   B4   B5   B6   A42  A44  B7   B8
B16  B15  A14  A16  B14  B13  B12  B11  A41  A43  B10  B9
A22  A21  A20  A19  A18  A17  A40  A39  A38  A37  A36  A35
A23  A24  A25  A26  A27  A28  A29  A30  A31  A32  A33  A34
```

PREMIER PATRON

COULEUR A

Poinçonner de couleur A (selon le diagramme) la première série de points d'ajour jusqu'à l'extrémité droite de la surface à couvrir.

Répéter pour remplir la surface à couvrir.

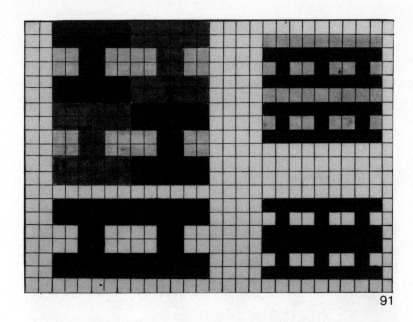

91

COULEUR B

Poinçonner de couleur B (selon le diagramme) les espaces laissés libres par le patron.

Variations

Se servir de plus de deux couleurs.

Poinçonner les ajours à la façon du point granulé.

Poinçonner les ajours à la façon du point renversé.

Poinçonner une ou plusieurs rangées de boucles de couleur B entre chaque série de points d'ajour.

Poinçonner les séries de points d'ajour à la façon du point damier.

Quantité

Calculer 3 à 4 fois la surface à couvrir.

Utilisation

Clôtures
Bordures
Edifices
Arrière-plan
Composition géométrique **(ill. 92 a-b)**.

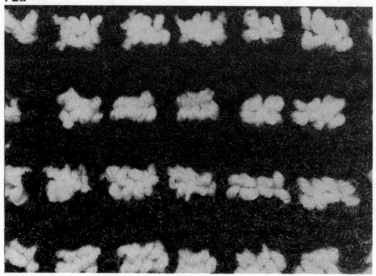

POINT TARTAN

Il s'exécute sur l'endroit de canevas de toutes sortes avec des bandelettes de flanelle ou de la laine en écheveau de trois couleurs contrastantes, à l'aide du crochet simple ou courbé.

92b

Méthode

Bien tendre le canevas sur le métier.

Travailler sur l'endroit du canevas sur lequel on a déjà tracé la composition (voir chapitre 11: Trucs du métier).

Poinçonner à la façon du point simple tout en laissant un espace et deux fibres entre chaque boucle de manière à imiter un carré à trois couleurs **(ill. 93)**.

Chacun des carrés comprend: 8 boucles de couleur A
8 boucles de couleur B
9 boucles de couleur C

A1	B1	B2	B3	B4		A1	B1	B2	B3	B4
A2				A1		A2	C1	C2	C3	A1
A3				A2		A3	C6	C5	C4	A2
A4				A3		A4	C7	C8	C9	A3
B1	B2	B3	B4	A4		B1	B2	B3	B4	A4

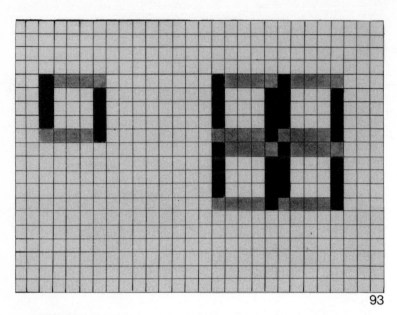

COULEUR A

Côté gauche du carré: Poinçonner, selon le diagramme, 4 boucles à la verticale.

Côté droit du carré   Poinçonner, selon le diagramme, 4 boucles à la verticale (la première boucle se trouvant 2 espaces plus bas que pour le côté gauche).

COULEUR B

Partie supérieure du carré: Poinçonner, selon le diagramme, 4 boucles à l'horizontale (la première boucle de couleur B vis-à-vis la première boucle de couleur A).

Partie inférieure du carré: Poinçonner, selon le diagramme, 4 boucles à l'horizontale (la première boucle de couleur B sous la quatrième boucle de couleur A).

COULEUR C

Poinçonner, selon le diagramme, le centre du carré de 9 boucles de couleur C.

Série de carrés

Poinçonner la couleur A (selon le diagramme) de haut en bas pour le côté droit du carré et de bas en haut pour le côté gauche du carré juxtaposé.

Poinçonner de couleur B (selon le diagramme) la partie inférieure du carré de gauche à droite et la partie supérieure du carré placé immédiatement en dessous, de droite à gauche.

A1	B1	B2	B3	B4	A24	B5	B6	B7	B8	A24	B9	B10	B11	B12
A2				A1	A23				A1	A23				A1
A3				A2	A22				A2	A22				A2
A4				A3	A21				A3	A21				A3
B1	B2	B3	B4	A4	B5	B6	B7	B8	A4	B9	B10	B11	B12	A4
A5	B24	B23	B22	B21	A20	B20	B19	B18	B17	A20	B16	B15	B14	B13
A6				A5	A19				A5	A19				A5
A7				A6	A18				A6	A18				A6
A8				A7	A17				A7	A17				A7
B1	B2	B3	B4	A8	B5	B6	B7	B8	A8	B9	B10	B11	B12	A8
A9	B24	B23	B22	B21	A16	B20	B19	B18	B17	A16	B16	B15	B14	B13
A10				A9	A15				A9	A15				A9
A11				A10	A14				A10	A14				A10
A12				A11	A13				A11	A13				A11
B1	B2	B3	B4	A12	B5	B6	B7	B8	A12	B9	B10	B11	B12	A12

Variations

Se servir de plus de trois couleurs.

Poinçonner le centre des carrés à la façon du point granulé.

Poinçonner le centre des carrés à la façon du point renversé.

Quantité

Calculer 3 à 4 fois la surface à couvrir.

Utilisation

Edifices
Clôtures
Tissus
Labyrinthe
Composition géométrique (ill. 77).

POINT MAILLON

Il s'exécute sur l'endroit de canevas de toutes sortes avec des bandelettes de flanelle ou de la laine en écheveau de trois couleurs contrastantes, à l'aide du crochet simple ou courbé.

Méthode

Bien tendre le canevas sur le métier.

Travailler sur l'endroit du canevas sur lequel on a déjà tracé la composition (voir chapitre 11: Trucs du métier).

Poinçonner à la façon du point simple tout en laissant un espace et deux fibres entre chaque boucle de manière à imiter une chaîne (ill. 94).

Chacun des maillons comprend: 8 boucles de couleur A
8 boucles de couleur B
8 boucles de couleur C (centre des maillons et arrière-plan)

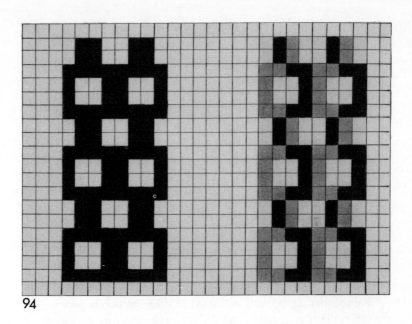

94

Travailler de haut en bas; commencer à gauche.

```
A2   A1   B1   B2
A3             B3        C1   C2
A4             B4        C4   C3
A5   A6   B6   B5
     B7   A7        C5
     B8   A8        C6
A10  A9   B9   B10
A11            B11       C7   C8
A12            B12       C10  C9
A13  A14  B14  B13
     B15  A15       C11
     B16  A16       C12
```

181

A2	A1	B1	B2	A2	A1	B1	B2
A3	C1	C2	B3	A3	C1	C2	B3
A4	C4	C3	B4	A4	C4	C3	B4
A5	A6	B6	B5	A5	A6	B6	B5
C5	B7	A7	C6	C5	B7	A7	
C6	B8	A8	C7	C8	B8	A8	
A10	A9	B9	B10	A10	A9	B9	B10
A11	C7	C8	B11	A11	C9	C10	B11
A12	C10	C9	B12	A12	C12	C11	B12
A13	A14	B14	B13	A13	A14	B14	B13
C11	B15	A15	C14	C13	B15	A15	
C12	B16	A16	C15	C16	B16	A16	

PREMIÈRE SÉRIE DE MAILLONS

COULEUR A

Poinçonner de couleur A (selon le diagramme) la partie gauche du maillon et le côté droit du lien; répéter jusqu'au bas de la surface à couvrir.

COULEUR B

Poinçonner de couleur B (selon le diagramme) la partie droite du maillon et le côté gauche du lien; répéter jusqu'au bas de la surface à couvrir.

COULEUR C

Poinçonner de couleur C (selon le diagramme) le centre des maillons et l'arrière-plan gauche laissé libre par le patron.

Variations

Se servir de deux couleurs: couleur A, maillon et lien
couleur B, centre du maillon et arrière-plan laissé libre par le patron.

Se servir de plus de trois couleurs.

Poinçonner le centre des maillons à la façon du point granulé et l'arrière-plan à la façon du point renversé.

Poinçonner un nombre égal de boucles de manière à former un carré. OU poinçonner un nombre égal de boucles de manière à former un rectangle.

Commencer à poinçonner la seconde série de maillons de la façon suivante: partie inférieure du maillon, lien et partie supérieure du maillon suivant vis-à-vis le premier maillon de la série précédente **(ill. 95)**.

95

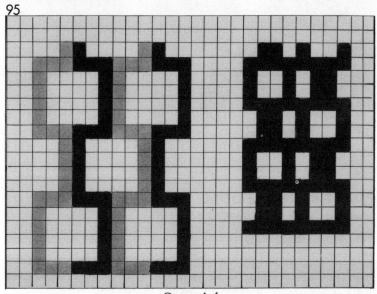

Quantité

Calculer 3 à 4 fois la surface à couvrir.

Utilisation

Bordures
Edifices
Arrière-plan
Composition géométrique **(ill. 96)**.

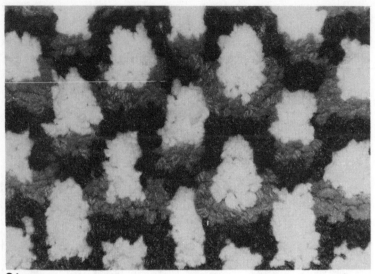

96

POINT PIED-DE-POULE

Il s'exécute sur l'endroit de canevas de toutes sortes avec des bandelettes de flanelle ou de la laine en écheveau de deux couleurs contrastantes, à l'aide du crochet simple ou courbé.

Méthode

Bien tendre le canevas sur le métier.

Travailler sur l'endroit du canevas sur lequel on a déjà tracé la composition (voir chapitre 11: Trucs du métier).

Poinçonner à la façon du point simple tout en laissant un espace et deux fibres entre chaque boucle de manière à imiter le pied-de-poule **(ill. 97a)**.

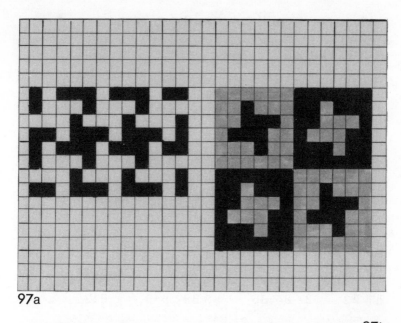

97a

97b

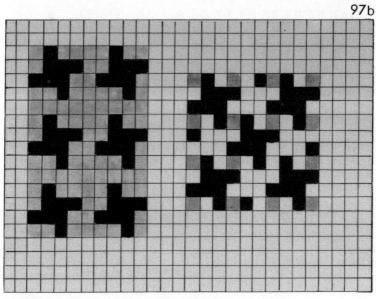

Travailler de gauche à droite et de haut en bas.

COULEUR A

```
A1              A5              A1              A5
A2 A3 A4        A6 A7 A8        A2 A3 A4        A6 A7 A8
A1 A2 A3     A5 A6 A7       A1 A2 A3      A5 A6 A7
   A4              A8              A4              A8
                                A1              A5
                                A2 A3 A4        A6 A7 A8
                             A1 A2 A3      A5 A6 A7
                                A4              A8
```

COULEUR B

```
B2      B3 B4 B5      B7 B8 B9        B11 B12
B1           B6            B10
        B3            B7                 B11
B1 B2     B4 B5 B6     B8 B9  B10        B12


B2 A1 B3 B4 B5 A5 B7 B8 B9  A9  B11 B12
B1 A2 A3 A4 B6 A6 A7 A8 B10 A10 A11 A12
A1 A2 A3 B3 A5 A6 A7 B7 A9  A10 A11 B11
B1 B2 A4 B4 B5 B6 A8 B8 B9  B10 A12 B12
```

PREMIER PATRON

COULEUR A

Poinçonner de couleur A (selon le diagramme) la partie supérieure du pied-de-poule, puis la partie inférieure jusqu'à l'extrémité droite de la surface à couvrir.

COULEUR B

Poinçonner de couleur B (selon le diagramme) le contour supérieur du pied-de-poule, puis le contour inférieur jusqu'à l'extrémité droite de la surface à couvrir.

Répéter pour remplir la surface à couvrir.

Variations

Se servir de plus de deux couleurs.

Poinçonner la couleur de l'arrière-plan à la façon du point renversé.

Laisser une ou plusieurs rangées entre chaque pied-de-poule à l'horizontale comme à la verticale.

Poinçonner le pied-de-poule à la façon du point damier **(ill. 97 a-b)**.

Utilisation

Tissus
Arrière-plan
Planchers
Effets de perspective
Composition géométrique **(ill. 98 a-b)**.

98a   98b

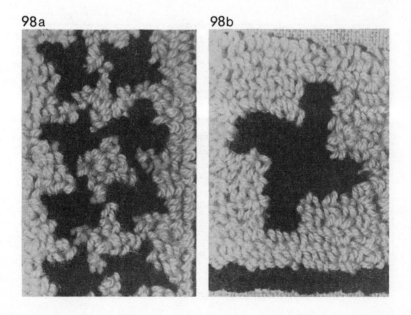

POINT PIED-DE-COQ

Il s'exécute sur l'endroit de canevas de toutes sortes avec des bandelettes de flanelle ou de la laine en écheveau de trois couleurs contrastantes, à l'aide du crochet simple ou courbé.

Méthode

Bien tendre le canevas sur le métier.

Travailler sur l'endroit du canevas sur lequel on a déjà tracé la composition (voir chapitre 11: Trucs du métier).

Poinçonner à la façon du point simple tout en laissant un espace et deux fibres entre chaque boucle de manière à imiter le pied-de-coq **(ill. 99)**.

Travailler chaque pied-de-coq individuellement.

99

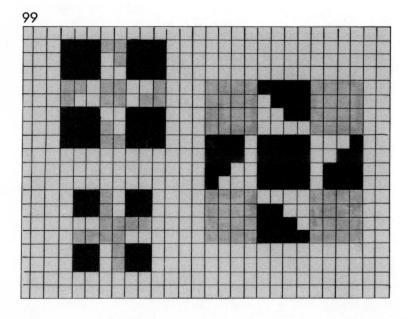

COULEUR A

```
                    A1   A2   A3   A4
                         A7   A6   A5
                              A8   A9

A16  A15  A14       A13  A12  A11  A10                    A43
A17  A21  A22       A23  A50  A49  A48              A44  A42
A18  A20            A24  A51  A52  A47         A46  A45  A41
A19                 A25  A35  A36  A37         A38  A39  A40

                    A26  A34
                    A27  A33  A32
                    A28  A29  A30  A31
```

COULEUR B

```
                    B3
                    B2   B4
                    B1   B5   B6   B7
        B28                                   B8   B9   B10
        B27                                   B12  B11
    B25  B26                                  B13
B24  B23  B22                                 B14
                    B21  B20  B19  B15
                         B18  B16
                              B17
```

189

COULEUR C

```
C  C  C  C  C   C  C  C  C   C  C  C  C  C
C  C  C  C  C                C  C  C  C  C
C  C  C  C  C                C  C  C  C  C
C  C  C  C  C                C  C  C  C  C
C  C  C  C  C                C  C  C  C  C
C                                        C
C                                        C
C                                        C
C                                        C
C  C  C  C  C                C  C  C  C  C
C  C  C  C  C                C  C  C  C  C
C  C  C  C  C                C  C  C  C  C
C  C  C  C  C                C  C  C  C  C
C  C  C  C  C   C  C  C  C   C  C  C  C  C
```

```
C   C    C    C    C    C    C    C    C    C    C    C    C    C
C   C    C    C    C    A1   A2   A3   A4   C    C    C    C    C
C   C    C    C    C    B3   A7   A6   A5   C    C    C    C    C
C   C    C    C    C    B2   B4   A8   A9   C    C    C    C    C
C   C    C    C    C    B1   B5   B6   B7   C    C    C    C    C
C   A16  A15  A14  B28  A13  A12  A11  A10  B8   B9   B10  A43  C
C   A17  A21  A22  B27  A23  A50  A49  A48  B12  B11  A44  A42  C
C   A18  A20  B25  B26  A24  A51  A52  A47  B13  A46  A45  A41  C
C   A19  B24  B23  B22  A25  A35  A36  A37  B14  A38  A39  A40  C
C   C    C    C    C    B21  B20  B19  B15  C    C    C    C    C
C   C    C    C    C    A26  A34  B18  B16  C    C    C    C    C
C   C    C    C    C    A27  A33  A32  B17  C    C    C    C    C
C   C    C    C    C    A28  A29  A30  A31  C    C    C    C    C
C   C    C    C    C    C    C    C    C    C    C    C    C    C
```

COULEUR A

Poinçonner de couleur A (selon le diagramme) le centre et les pointes inversées du pied-de-coq.

190

COULEUR B

Poinçonner de couleur B (selon le diagramme) les pointes de couleur contrastante contournant le centre du pied-de-coq.

COULEUR C

Poinçonner de couleur C (selon le diagramme) le contour du pied-de-coq de façon à former un carré.

Répéter pour chaque pied-de-coq additionnel.

Variations

Poinçonner de couleur A les pointes de couleur B; poinçonner de couleur B les pointes de couleur A.

Se servir de point granulé ou de point renversé pour l'une ou l'autre des couleurs.

Poinçonner un plus petit pied-de-coq.

Quantité

Calculer 3 à 4 fois la surface à couvrir.

Utilisation

Effets de perspective
Tissus
Arrière-plan
Composition géométrique **(ill. 100)**.

POINT CHEVRON

Il s'exécute sur l'endroit de canevas de toutes sortes avec des bandelettes de flanelle ou de la laine en écheveau de trois couleurs contrastantes, à l'aide du crochet simple ou courbé.

191

100

Méthode

Bien tendre le canevas sur le métier.

Travailler sur l'endroit du canevas sur lequel on a déjà tracé la composition (voir chapitre 11: Trucs du métier).

Poinçonner à la façon du point simple tout en laissant un espace et deux fibres entre chaque boucle de manière à imiter un « V » **(ill. 101a)**.

Travailler de bas en haut, puis de haut en bas.

COULEUR A

			A6				
		A5		A7			
	A4				A8		
A3			A3		A9		
A2		A2		A4		A10	
A1		A1			A5		A11

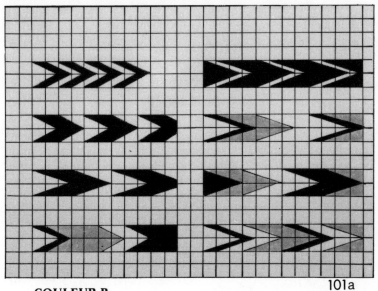

COULEUR B

```
                B5
          B4          B6
      B3                  B7
    B2          B2          B8
B1          B1      B3          B9
```

COULEUR C

```
          C4
      C3          C5
  C2                  C6
C1          C1          C7
```

```
                          A6
                    A5    B5    A7
              A4    B4    C4    B6    A8
        A3    B3    C3    A3    C5    B7    A9
    A2    B2    C2    A2    B2    A4    C6    B8    A10
A1    B1    C1    A1    B1    C1    B3    A5    C7    B9    A11
```

Poinçonner les couleurs de façon à former des triangles plus ou moins gros.

Variations

Se servir de deux couleurs : poinçonner 1 rang de couleur A, poinçonner 1 rang de couleur B; répéter.

OU poinçonner 3 rangs de couleur A, poinçonner 3 rangs de couleur B; répéter.

OU poinçonner 3 rangs de couleur A, poinçonner 1 rang de couleur B; répéter **(ill. 101a)**.

Se servir de trois couleurs : poinçonner 1 rang de A, 1 rang de B, 1 rang de C; répéter

OU poinçonner 5 rangs de A, 3 rangs de B, 1 rang de C; répéter **(ill. 101a)**.

Poinçonner un point chevron plus ou moins élancé à la verticale, à l'horizontale ou en diagonale.

POINT WIGWAM

Poinçonner une série de points chevron, côte à côte, à la verticale ou à l'horizontale **(ill. 101b-102c)**.

POINT LOSANGE

Poinçonner un chevron puis lui juxtaposer, au-dessous, un chevron inversé **(ill. 101c-102d)**.

Quantité

Calculer 3 à 4 fois la surface à couvrir.

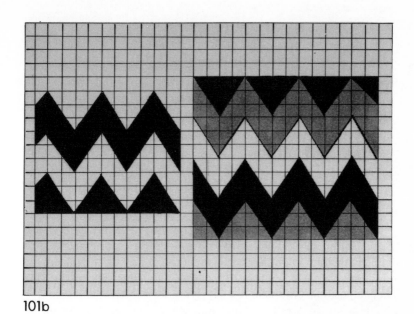

101b

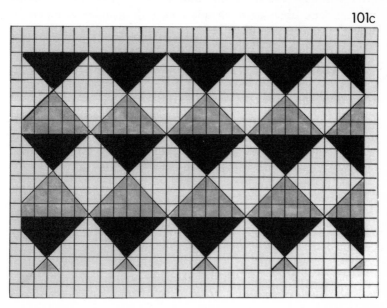

195

Utilisation

Feuilles
Ailes d'oiseaux
Montagnes
Vêtements
Queues de poissons
Composition géométrique **(ill. 102a-b)**.

POINT TOTEM

Il s'exécute sur l'endroit de canevas de toutes sortes avec des bandelettes de flanelle ou de la laine en écheveau de deux couleurs contrastantes, à l'aide du crochet simple ou courbé.

Méthode

Bien tendre le canevas sur le métier.

Travailler sur l'endroit du canevas sur lequel on a déjà tracé la composition (voir chapitre 11: Trucs du métier).

Poinçonner à la façon du point simple tout en laissant un espace et deux fibres entre chaque boucle de manière à imiter des triangles superposés **(ill. 103)**.

Travailler de haut en bas et de gauche à droite.

COULEUR A

A1	A2	A3	A4	A5
	A8	A7	A6	
		A9		

A10	A11	A12	A13	A14
	A17	A16	A15	
		A18		

COULEUR B

		B1		
	B2	B3	B4	
B9	B8	B7	B6	B5
		B10		
	B11	B12	B13	
B18	B17	B16	B15	B14

A1	A2	A3	A4	A5	B1	
	A8	A7	A6	B2	B3	B4
		A9	B9	B8	B7	B6	B5
A10	A11	A12	A13	A14	B10	
	A17	A16	A15	B11	B12	B13
		A18	B18	B17	B16	B15	B14

Première série de points totem

COULEUR A

Poinçonner de couleur A (selon le diagramme) la partie gauche du patron jusqu'au bas de la surface à couvrir.

COULEUR B

Poinçonner de couleur B (selon le diagramme) la partie droite du patron jusqu'au bas de la surface à couvrir.

Répéter pour des séries additionnelles.

102a

b

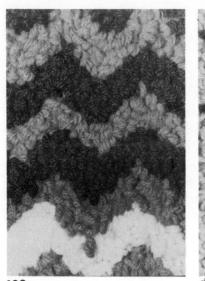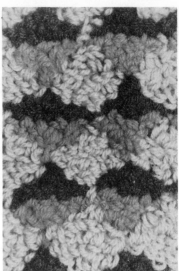

102c   d

103

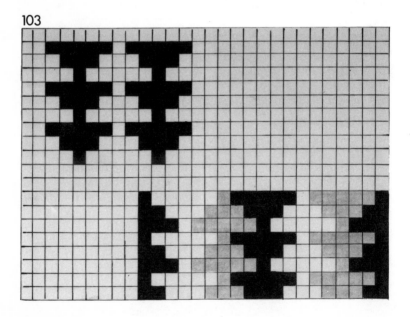

Variations

Se servir de plus de deux couleurs.

Poinçonner une des couleurs à la façon du point granulé.

Poinçonner une des couleurs à la façon du point renversé.

Quantité

Calculer 3 à 4 fois la surface à couvrir.

Utilisation

Bordures
Colonnes
Murailles
Tissus
Tapis
Edifices
Arrière-plan
Composition géométrique **(ill. 104)**.

POINT PIED-DE-CANARD

Il s'exécute sur l'endroit de canevas de toutes sortes avec des bandelettes de flanelle ou de la laine en écheveau de deux couleurs contrastantes, à l'aide du crochet simple ou courbé.

Méthode

Bien tendre le canevas sur le métier.

Travailler sur l'endroit du canevas sur lequel on a déjà tracé la composition (voir chapitre 11: Trucs du métier).

Poinçonner à la façon du point simple tout en laissant un espace et deux fibres entre chaque boucle de manière à imiter un « F » **(ill. 105)**.

Travailler de haut en bas pour la couleur A et de gauche à droite pour la couleur B.

104

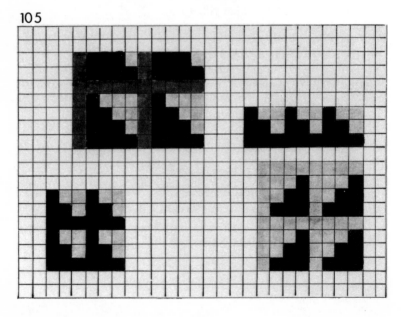

105

COULEUR A

```
A1  A2  A3              A1  A2  A3
A5  A4                  A5  A4
A6                      A6
A7  A8  A9      OU
A11 A10                 A7  A8  A9
A12                     A11 A10
A13 A14 A15             A12
A17 A16
A18
```

COULEUR B

```
        B1                          B7                      B17
    B2  B3                      B6  B8              B16 B18
                    B2  B5  B9      B12 B15 B19
        B4              B1  B3  B4  B10 B11 B13 B14 B20
    B5  B6  OU
                                    B7                      B17
                                B6  B8              B16 B18
        B7              B2  B5  B9      B12 B15 B19
    B8  B9              B1  B3  B4  B10 B11 B13 B14 B20

A1  A2  A3              A1  A2  A3  B7  A1  A2  A3  B17
A5  A4  B1              A5  A4  B6  B8  A5  A4  B16 B18
A6  B2  B3              A6  B2  B5  B9  A6  B12 B15 B19
A7  A8  A9   OU         B1  B3  B4  B10 B11 B13 B14 B20
A11 A10 B4
A12 B5  B6
A13 A14 A15
A17 A16 B7
A18 B8  B9
```

PREMIER PATRON

COULEUR A

Poinçonner de couleur A (selon le diagramme) et de haut en bas la partie droite du pied-de-canard.

COULEUR B

Poinçonner de couleur B (selon le diagramme) et de gauche à droite la partie gauche du pied-de-canard.

Répéter pour remplir la surface à couvrir.

Variations

Se servir de plus de deux couleurs.

Poinçonner une des couleurs à la façon du point granulé.

Poinçonner une des couleurs à la façon du point renversé.

Laisser plus ou moins d'espace entre chaque pied-de-canard, à l'horizontale comme à la verticale.

Inverser le pied-de-canard pour former d'autres patrons **(ill. 106b)**.

Quantité

Calculer 3 à 4 fois la surface à couvrir.

Utilisation

Forêts
Murailles
Jardins
Arrière-plan
Composition géométrique **(ill. 106a)**.

106a   b

POINT COLONNADE

Il s'exécute sur l'endroit de canevas de toutes sortes avec des bandelettes de flanelle ou de la laine en écheveau de deux couleurs contrastantes, à l'aide du crochet simple ou courbé.

Méthode

Bien tendre le canevas sur le métier.

Travailler sur l'endroit du canevas sur lequel on a déjà tracé la composition (voir chapitre 11: Trucs du métier).

Poinçonner à la façon du point simple tout en laissant un espace et deux fibres entre chaque boucle de manière à imiter des colonnes plus ou moins décoratives **(ill. 107a)**.

Travailler de gauche à droite.

COULEUR A

```
A3   A2   A1                                    A15  A16                                        A45  A46
A4   A5                  A28  A29  A30  A31  A32  A33    A14  A17                              A44  A47        A58  A59  A60
A6                            A27  A26  A35  A34          A13  A18                              A43  A48        A57  A56
                                   A25  A36               A12  A19                              A42  A49             A55
A7   A8   A9   A10  A11  A20  A21  A22  A23  A24  A37  A38  A39  A40  A41  A50  A51  A52  A53  A54
A7   A8   A9   A10  A11  A20  A21  A22  A23  A24  A37  A38  A39  A40  A41  A50  A51  A52  A53  A54
A6                                 A25  A36               A12  A19                              A42  A49             A55
A4   A5                       A27  A26  A35  A34          A13  A18                              A43  A48        A57  A56
A3   A2   A1             A28  A29  A30  A31  A32  A33      A14  A17                              A44  A47        A58  A59  A60
                                   A15  A16                                                      A45  A46
```

COULEUR B

```
B1   B2   B3   B4                   B17  B18  B19  B20  B21  B22  B23  B24        B37  B38  B39  B40
          B5                        B16                            B25                B36
     B7   B6                        B15  B14                  B27  B26          B35  B34
     B8   B9   B10              B28  B29  B30                                   B31  B32  B33
          B10                       B11  B12  B13                               B31  B32  B33
     B8   B9                        B11  B12  B13              B28  B29  B30     B31  B32  B33
     B7   B6                        B15  B14                  B27  B26          B35  B34
          B5                        B16                            B25                B36
B1   B2   B3   B4                   B17  B18  B19  B20  B21  B22  B23  B24        B37  B38  B39  B40
B60  B59  B58  B57  B56  B55  B54  B53  B52  B51  B50  B49  B48  B47  B46  B45  B44  B43  B42  B41
```

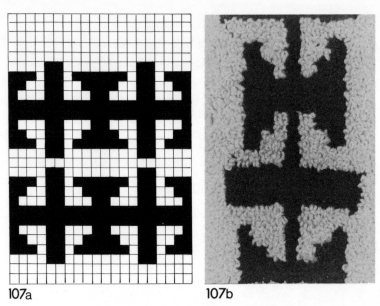

107a   107b

Première série de points colonnade

COULEUR A

Poinçonner de couleur A (selon le diagramme) la partie supérieure du patron, puis la partie inférieure du patron jusqu'à l'extrémité droite de la surface à couvrir.

COULEUR B

Poinçonner de couleur B (selon le diagramme) le contour supérieur du patron, puis le contour inférieur du patron jusqu'à l'extrémité droite de la surface à couvrir. Une fois le contour inférieur poinçonné, revenir sur ses pas et poinçonner une rangée de boucles de couleur B de droite à gauche.

Répéter pour des séries additionnelles.

Variations

Se servir de plus de deux couleurs.

205

Poinçonner la couleur A à la façon du point granulé.

Poinçonner la couleur B à la façon du point renversé.

Laisser plus ou moins d'espace entre chaque série de points colonnade à l'horizontale.

Quantité

Calculer 3 à 4 fois la surface à couvrir.

Utilisation

Colonnes
Clôtures
Bordures
Arrière-plan
Composition géométrique **(ill. 107b)**.

POINT GREC

Il s'exécute sur l'endroit de canevas de toutes sortes avec des bandelettes de flanelle ou de la laine en écheveau de deux couleurs contrastantes, à l'aide du crochet simple ou courbé.

Méthode

Bien tendre le canevas sur le métier.

Travailler sur l'endroit du canevas sur lequel on a déjà tracé la composition (voir chapitre 11: Trucs du métier).

Poinçonner à la façon du point simple tout en laissant un espace et deux fibres entre chaque boucle de manière à imiter un « C » dont les lignes se répètent **(ill. 108a)**.

Travailler de gauche à droite et de haut en bas.

108a

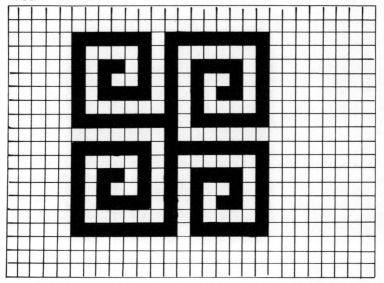

COULEUR A

```
A16 A15 A14 A13 A12 A11     A36 A37 A38 A39 A40 A41 A42 A43
A17                 A10      A35                         A44
A18     A2 A1       A9       A34     A58 A59 A60 A61      A45
A19     A3          A8       A33     A57         A62      A46
A20     A4 A5 A6 A7          A32     A56     A64 A63      A47
A21                          A31     A55                  A48
A22 A23 A24 A25 A26 A27 A28 A30      A54 A53 A52 A51 A50 A49
                    A29
```

COULEUR B

```
B29 B28 B27 B26 B25 B24 B23 B22  B45 B44 B43 B42 B41 B40 B39 B38 B37
B30                         B21                                  B36
B31     B7  B6  B5  B4       B20  B16 B15 B14 B13 B12 B11         B35
B32     B8          B3       B19  B17                     B10     B34
B33     B9      B1  B2       B18  B18     B2  B1          B9      B33
B34     B10                  B17  B19     B3              B8      B32
B35     B11 B12 B13 B14 B15 B16  B20     B4  B5  B6  B7          B31
B36                               B21                            B30
                                  B22 B23 B24 B25 B26 B27 B28 B29
```

```
B29 B28 B27 B26 B25 B24 B23 B22  B45 B44 B43 B42 B41 B40 B39 B38 B37
B30 A16 A15 A14 A13 A12 A11 B21  A36 A37 A38 A39 A40 A41 A42 A43 B36
B31 A17 B7  B6  B5  B4  A10 B20  A35 B16 B15 B14 B13 B12 B11 A44 B35
B32 A18 B8  A2  A1  B3  A9  B19  A34 B17 A58 A59 A60 A61 B10 A45 B34
B33 A19 B9  A3  B1  B2  A8  B18  A33 B18 A57 B2  B1  A62 B9  A46 B33
B34 A20 B10 A4  A5  A6  A7  B17  A32 B19 A56 B3  A64 A63 B8  A47 B32
B35 A21 B11 B12 B13 B14 B15 B16  A31 B20 A55 B4  B5  B6  B7  A48 B31
B36 A22 A23 A24 A25 A26 A27 A28 A30 B21 A54 A53 A52 A51 A50 A49 B30
B29 B28 B27 B26 B25 B24 B23 B22  A29 B22 B23 B24 B25 B26 B27 B28 B29
B30 A16 A15 A14 A13 A12 A11 B21  A35 A36 A37 A38 A39 A40 A41 A42 B36
B31 A17 B7  B6  B5  B4  A10 B20  A34 B16 B15 B14 B13 B12 B11 A43 B35
B32 A18 B8  A2  A1  B3  A9  B19  A33 B17 A57 A58 A59 A60 B10 A44 B34
B33 A19 B9  A3  B1  B2  A8  B18  A32 B18 A56 B2  B1  A61 B9  A45 B33
B34 A20 B10 A4  A5  A6  A7  B17  A31 B19 A55 B3  A63 A62 B8  A46 B32
B35 A21 B11 B12 B13 B14 B15 B16  A30 B20 A54 B4  B5  B6  B7  A47 B31
B36 A22 A23 A24 A25 A26 A27 A28 A29 B21 A53 A52 A51 A50 A49 A48 B30
                                  B22 B23 B24 B25 B26 B27 B28 B29
```

PREMIER POINT GREC

COULEUR A

Poinçonner de couleur A (selon le diagramme) la partie supérieure du patron puis la partie inférieure.

COULEUR B

Poinçonner de couleur B (selon le diagramme) la partie gauche supérieure, la partie gauche inférieure puis la partie droite supérieure et enfin la partie droite inférieure.

Variations

Se servir de plus de deux couleurs.

Poinçonner le point grec à la façon du point damier.

Poinçonner une des couleurs à la façon du point granulé.

Poinçonner une des couleurs à la façon du point renversé.

Quantité

Calculer 3 à 4 fois la surface à couvrir.

Utilisation

Bordures
Arrière-plan
Effet de perspective
Labyrinthe
Composition géométrique **(ill. 108b)**.

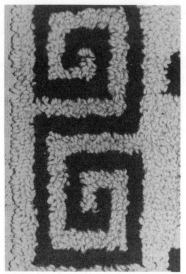

108b

9 - Montage, encadrement

Après avoir franchi plusieurs étapes dans la création d'une tapisserie, (depuis l'inspiration et l'évolution de l'idée en passant par la création d'une composition sur papier jusqu'à son exécution sur canevas) vous voici arrivé à la phase finale. Vous croyez peut-être avoir bel et bien terminé la pièce entreprise... Pourtant, il n'en tient qu'à vous d'en rehausser la valeur par une finition adéquate. Plusieurs possibilités vous sont offertes: vous pouvez l'encadrer, y fixer des anneaux pour la suspendre à l'aide d'une tige de bois ou de métal, l'agrémenter de franges etc... Peut-être voudrez-vous y mettre la dernière main vous-même ou encore remettre le tout à des maisons réputées? A l'intention de ceux et celles qui aimeraient tenter quelques expériences à la maison, voici quelques marches à suivre quant au montage, à l'encollage et à l'encadrement.

MONTAGE
SUR FAUX-CADRE

Tendre la tapisserie sur le faux-cadre; un étau la maintiendra plus rigide, tel un tambour.

Agrafer tout d'abord, ou fixer à l'aide de punaises, les centres du haut et du bas de la pièce à monter **(ill. 109)**.

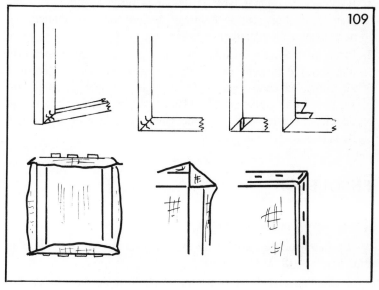

Se diriger ensuite graduellement vers les coins.

Procéder de la même façon pour les côtés.

Encoller (voir plus loin).

Encadrer ensuite soi-même ou confier la tâche à des professionnels. (Le montage amateur fait économiser entre $5.00 et $10.00 selon la grandeur de la tapisserie).

SUR PLANCHE

1. Dans ce cas, encoller la tapisserie avant le montage final (voir plus loin).

   Pour ce faire, tendre d'abord la tapisserie sur un faux-cadre, l'encoller puis laisser sécher.

   Fixer ensuite la tapisserie sur une planche d'« aspenite » (rigide, légère et ne gondolant pas) ou sur une planche de « masonite » (rigide, plus lourde) à l'aide de punaises ou d'agrafes.

   Finir les côtés de façon appropriée en y apposant un ruban de fantaisie; se procurer ce dernier chez les détaillants de tissus. Ou encadrer.

2. Il est peu recommandable de coller la pièce terminée sur une planche de bois, car le montage devient alors permanent (il ne peut plus être changé).

3. Fixer la tapisserie encollée sur une planche. Lui superposer une seconde planche de mêmes dimensions, celle-là découpée au milieu en cercle, rectangle, triangle, losange . . . pour laisser paraître la tapisserie **(ill. 110)**. Si désiré, recouvrir la seconde planche d'un tissu s'harmonisant avec la tapisserie avant de la superposer à la première.

ENCOLLAGE

Préparer une solution de colle et d'eau (employer deux parties de colle et une partie d'eau).

En badigeonner l'arrière de la tapisserie tendue, à l'aide d'un gros pinceau **(ill. 111)**.

L'encollage est d'une importance primordiale dans le cas des tapisseries où les boucles sont courtes ou coupées.

ENCADREMENT

Connaissez-vous un bricoleur? Son concours pourrait s'avérer d'une grande utilité. Toutefois, les encadreurs professionnels accomplissent un excellent travail et offrent un choix presque illi-

110

Thérèse-Marie Perrier

111

mité de cadres et de moulures dont vous n'avez qu'à spécifier les dimensions. Qui ne peut vraiment se permettre de dépenser quelques sous pour mettre en valeur une œuvre qui résulte d'un bon nombre d'heures de travail!

Soit dit en passant, on ne doit JAMAIS poser une vitre sur une tapisserie, car cela détruit l'effet désiré et, selon un curateur de musée, c'est un excellent terrain d'incubation pour les mites.

FINITION DE TAPISSERIES NON ENCADRÉES

Si la pièce terminée ne se prête pas à l'encadrement, il existe maintes façons de la finir **(ill. 112, 113, 114, 115, 116, 117)**.

Vous y avez déjà cousu un ruban à tapis pour empêcher les effilochures; retournez-le simplement vers l'endos et ourlez-le.

Rehaussez la valeur de votre œuvre en la doublant de coton ou de tout autre tissu qui vous plaira.

112

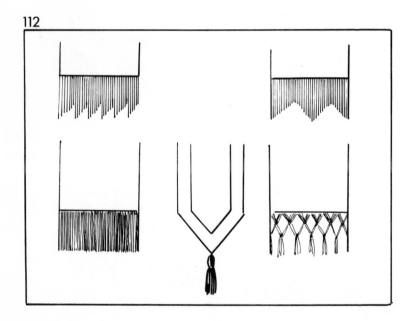

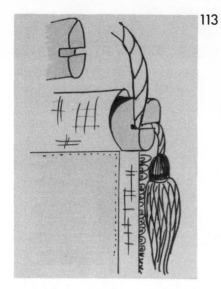

113

114

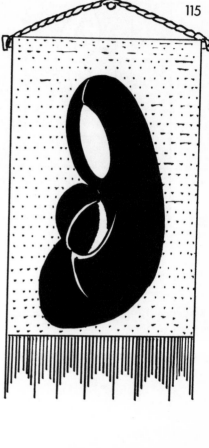

115

215

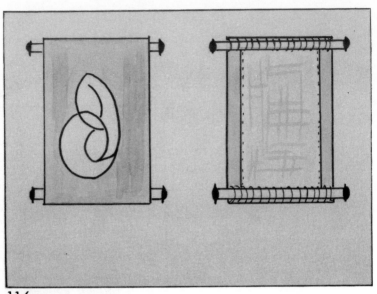

116

117

Vous pouvez suspendre ryas ou murales de multiples façons.

Voici quelques suggestions:

— bois rond;
— tige de métal munie ou non aux extrémités de boules décoratives;
— fer forgé;
— bois de grève.

Pour réunir bois ou métal et tapisserie, tricoter, crocheter ou fabriquer des ganses ou encore recouvrir des anneaux de métal avec de la laine; insérer ces ganses ou anneaux entre la tapisserie et sa doublure, les fixer à intervalles réguliers, puis le travail achevé, y glisser la tige de bois ou de métal. Fabriquer une corde avec de la laine ou se servir d'une chaînette ou d'une chaîne décorative et l'attacher aux deux extrémités de la tige pour suspendre la murale.

Pour agrémenter de franges la partie inférieure d'une tapisserie, se servir d'une aiguille à bout rond et procéder de la même façon que pour le point rya; faire les boucles de la longueur voulue puis les couper si désiré; ou encore faire les franges de longueurs inégales ou les couper en biseau ou de façon à former des demi-losanges. Vous pouvez aussi finir une tapisserie à la façon d'une trempoline. Une fois doublée, l'attacher à un cadre de dimensions plus grandes en la piquant de laines ou de lanières de cuir. Contourner et nouer laines ou lanières sur le cadre à tous les trois pouces [7,5 cm] environ.

TAPISSERIES FONCTIONNELLES

Orner un mur n'est pas la seule et unique fonction des tapisseries. Tous connaissent la chaleur et le velouté des tapis de pieds . . . Mais avez-vous songé que des pièces de moindre envergure peuvent servir de sous-plats, dessus de chaises, coussins, sacs à main, pour ne mentionner que ces accessoires. Certaines personnes les incorporent même à d'autres matériaux pour en faire lampes et écrans. Mettez à profit votre ingéniosité et vous obtiendrez de merveilleux résultats **(ill. 118, 119, 120, 121)**.

118

Hélène Trépanier

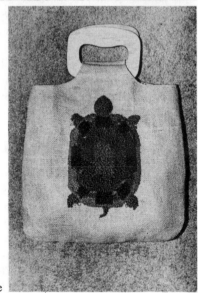

119 Aline Carrière

Jeanne Schultz

120

121

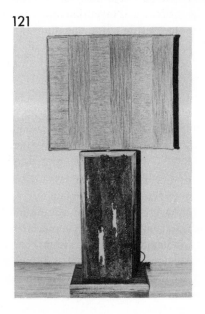

10 - Exercices

L'objectif de ce chapitre est de vous faire réaliser votre potentiel créateur; les exercices sont là pour vous aider à augmenter votre pouvoir d'observation, vous faire improviser des compositions à partir de tout et de rien, vous familiariser avec la couleur et vous amuser par des résultats imprévisibles; à cet effet, ils sont présentés en quatre sous-sections: acuité visuelle, composition, couleur et dessins fortuits. Ces exercices devraient être aussi amusants à exécuter qu'il nous a été agréable de les essayer et de les compiler pour vous, car le but ultime est de créer bien sûr, mais aussi de rendre le processus d'invention une aventure aussi plaisante qu'enrichissante. Et de grâce, ne dites plus que vous ne pouvez dessiner, car rien n'est impossible si on allie un grain de détermination à beaucoup d'effort. La composition ne sera peut-être pas sans défauts, au dire de certains artistes professionnels, mais au moins, elle sera bel et bien de vous. Il semble préférable d'exécuter une œuvre bien à soi nonobstant les quelques erreurs minimes de composition et de couleurs, occasionnelles pour le débutant, qui peuvent s'y glisser plutôt que d'exécuter une trousse tirée à plusieurs exemplaires qui devient tout simplement un exercice de patience, à la longue très monotone, et que vous risquez de retrouver chez le voisin.

Plusieurs exercices, ci-dessous expliqués, sont inspirés d'œuvres réalisées par des enfants qui fréquentent les cours d'Arts plastiques. Ne les dédaignez pas pour autant, car vous admettrez que l'esprit d'observation et le potentiel créateur des jeunes sont très développés et ce, justement parce qu'ils ont appris à regarder pour remarquer et à créer dès leur bas âge. Nous nous permettons ici d'appuyer sur le fait que ces exercices ont été pour la plupart glanés ici et là au cours des années et que par le fait même, on ne peut leur attribuer une source première précise. Nous nous en excusons auprès des auteurs qui traitent du sujet, car plusieurs volumes présentent des exercices semblables à quelques variantes près.

ACUITÉ VISUELLE

Qui peut se vanter de vraiment remarquer les objets courants? Trop souvent on prend pour acquis son entourage de tous les jours ... et pour s'en convaincre, on n'a qu'à faire le petit test suivant:

— Enumérer les couleurs apparaissant dans les annonces publicitaires annonçant la location d'un poste d'essence d'une compagnie particulière.

— Déterminer avec exactitude le nombre de pointes de la feuille d'érable du drapeau canadien.

— Représenter le sigle de l'université de votre région ou la marque symbolique de diverses entreprises commerciales.

Et si cela ne suffit pas, vous n'avez qu'à répondre à brûle-pourpoint aux questions suivantes qui vous touchent encore de plus près:

— Quelle est la couleur du comptoir de votre cuisine et quels en sont les motifs, si motifs il y a?

— Quelle est la couleur et l'arrangement des tuiles du plancher de votre salle de bain?

— Combien d'arbres y a-t-il dans votre cour?

En guise d'exercice préliminaire, observez le panorama aperçu d'une même fenêtre à divers moments de la journée; vous remarquerez bien vite que le ciel influence les couleurs et que le soleil leur accorde un ton éclatant tandis que les nuages les rendent tristes. Imaginez cette vue à différentes saisons et couchez sur papier vos observations.

Examen méticuleux de divers objets
ou éléments courants

1. Choisir, pour l'étudier attentivement, un objet ou un élément courant: (cône de pin, caillou, pamplemousse, ananas, tomate, chou-fleur, piment, etc . . .).
2. Examiner méticuleusement de tous côtés et sous différents angles; ne pas négliger l'intérieur des fruits et des légumes.
3. Découvrir puis tracer sur papier une dizaine de formes suggérées par l'objet.
4. Si désiré faire une composition avec les formes découvertes **(ill. 122)**.

Concentration sur un détail
à l'aide d'une visionneuse

1. Choisir une illustration dans une revue ou se servir d'une reproduction.
2. Se fabriquer une visionneuse en taillant dans un carton de 2 pouces [5 cm] sur 6 pouces [15 cm] une ouverture de 1 pouce carré [2,5 cm carrés] ou un peu plus grande si désiré.
3. Glisser la visionneuse ici et là jusqu'au moment où on découvre un détail intéressant, une « composition » dans la composition **(ill. 122a)**.
4. Reproduire le détail sur une feuille de papier.
5. Modifier lignes et espaces, formes et volumes **(ill. 122b)**.
6. Décider d'un estompage ou non et le réaliser si la décision est affirmative.
7. Indiquer les valeurs tonales.
8. Appliquer la couleur.

REMARQUE

A l'extérieur, se créer une visionneuse à l'aide des mains pour concentrer sur un point donné **(ill. 122c)**.

122

HUILE DE PAUL M. BÉGIN 122a

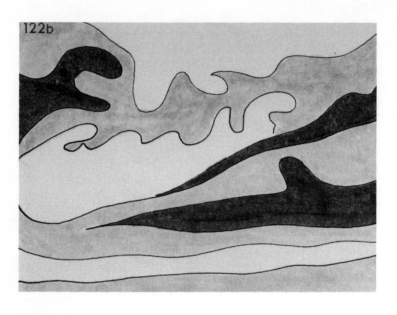

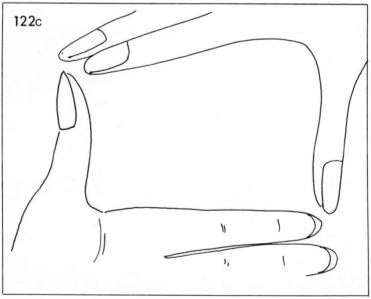

Simplification d'objets
en formes simples et géométriques

1. Choisir un élément, un objet à simplifier (poisson, oiseau, camion, maisonnette, arbre, voilier, etc. . .).
2. Le diviser en quelques parties.
3. Reproduire chacune de ces parties en formes simples géométriques (carrés, rectangles, cercles, triangles, etc . . .).
4. Les rassembler en une composition intéressante **(ill. 123)**.

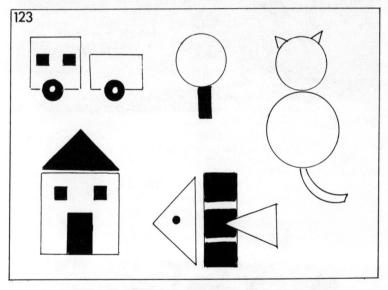

Simplification d'une composition en lignes
directrices et en formes principales

1. Choisir une illustration ou une reproduction.
2. En tracer les grandes lignes sur papier-calque.
3. En extraire les formes principales et les tracer sur le même papier.
4. Reproduire les valeurs tonales.
5. Appliquer la couleur selon les valeurs tonales **(ill. 124 a-b)**.

124a

124b

Découverte du sentiment exprimé
dans une reproduction

1. Choisir une reproduction.

2. Découvrir le sentiment exprimé par les lignes, le mouvement, les formes.

3. Découvrir l'idée transmise par les couleurs (habituellement les couleurs, loin de contredire les formes, les rendent encore plus réelles).

Exercice pratique d'estompage

1. Choisir une fleur, un fruit (autre que ceux déjà étudiés), un objet à estomper.

2. Revoir les principes d'estompage.

3. Trouver à la fleur, au fruit ou à l'objet des similitudes avec des fleurs ou des fruits déjà étudiés.

4. S'en servir comme guide à estomper.

Arrangement floral modifié

1. Fouiller dans les revues pour y trouver un arrangement plaisant.

2. En calquer les lignes de base.

3. Substituer aux fleurs déjà présentes, d'autres fleurs qui plaisent davantage (ill. 125).

Reproduction de couleurs et de formes
à l'aide d'un collage

1. Choisir une illustration, une composition, une reproduction.

2. En faire une esquisse.

3. Fouiller dans les revues de façon à obtenir couleurs et tons essentiels à la reproduction et mettre de côté.

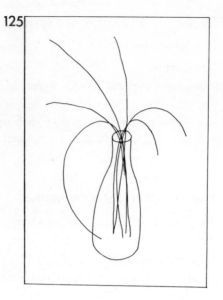

125

4. Déchirer en petits morceaux, les couleurs et les tons ainsi obtenus (se débarrasser des couleurs inutiles) qui correspondent à la composition à reproduire.

5. Coller, à l'aide de colle blanche, les petits morceaux là où ils doivent aller selon l'esquisse faite préalablement **(ill. 126)**.

Reproduction de couleurs et de textures à l'aide de peinture tactile

1. Choisir une illustration et en faire une esquisse sur du papier glacé (si on n'a pas de papier spécial à cet effet, se servir de papier blanc à congélation).

2. Préparer la peinture tactile aux couleurs nécessaires à la reproduction selon les données suivantes:

   a) ½ tasse [120 cc] d'amidon de maïs
      5 tasses [1,14 litre] d'eau bouillante
      2 c. à table [30 cc] de glycérine
      huile de clous de girofle ou de thé des bois.

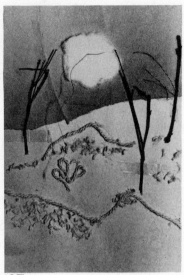

126   127

— Délayer l'amidon dans un peu d'eau froide; ajouter l'eau
bouillante et laisser refroidir. Ajouter la glycérine pour empêcher de sécher et l'huile de clous de girofle pour empêcher de surir.

— Colorer à l'aide de colorant alimentaire, poudre de couleur,
encre de Chine ou gouache liquide. Conserver au réfrigérateur.

OU

b) 2 tasses [480 cc] de farine
 1 tasse [240 cc] de sucre
 ¼ tasse [60 cc] d'amidon de maïs
 eau bouillante.

— Délayer les ingrédients dans un peu d'eau froide. Ajouter
suffisamment d'eau bouillante pour en faire une pâte
épaisse et cuire, en brassant constamment, pour rendre
clair; refroidir. Colorer à l'aide de colorant alimentaire, de
poudre de couleur, d'encre de Chine ou de gouache liquide.
Conserver au réfrigérateur.

3. Mouiller le papier glacé puis appliquer la peinture tactile à l'aide des doigts en y allant généreusement dans la quantité ou en essuyant simplement l'excédent du bout des doigts, selon que l'on veut une texture en relief ou pas; étendre fermement la peinture tactile ou en effleurer du bout des doigts; appliquer la peinture dans tous les sens pour donner du mouvement.

OU y aller au hasard, sans esquisse, et laisser la composition se développer d'elle-même.

REMARQUE

Le procédé d'application de la peinture tactile produit les effets de texture.

Reproduction de textures à l'aide de divers matériaux

1. Choisir une illustration dans une revue.
2. En tracer une esquisse rapide sur un carton.
3. Décider des textures à reproduire.
4. Déterminer la manière qui rendra mieux l'idée (ficelle, bout de laine, ouate. morceau de tissu, papier, bois, coquillage, etc . . .).
5. Coller le matériel sur le carton à l'aide de colle blanche, là où il doit reproduire la texture **(ill. 127)**.

COMPOSITION

La série d'exercices réunis dans cette sous-section a pour but de vous faire prendre conscience des ressources à votre portée en présentant des méthodes pour en arriver à une composition à partir de rien ou presque rien. Avant de répéter: « Je ne sais pas dessiner! », donnez-vous au moins la chance de tenter l'expérience. Vous serez peut-être agréablement surpris des résultats et vous découvrirez à la longue, par vous-même ou dans d'autres textes, si vous êtes suffisamment intéressé, mille et un autres points de départ se prêtant à l'élaboration d'une composition.

Les exercices présentés ne sont pas progressifs de sorte que vous pouvez en intervertir l'ordre et les exécuter quand bon vous semble. Il vous faudra probablement modifier l'arrangement obtenu à priori pour en faire une composition qui se prête à l'art de la tapisserie. Ne soyez pas impatient; on ne crée pas du jour au lendemain! Une tapisserie intéressante vaut bien le peu de temps qu'on passe à en travailler la composition.

Papier plié

1. Plier une feuille en tous sens; aussitôt le pli indiqué, en pressant des doigts, déplier pour replier d'une autre façon pour former une autre marque (plier en deux, en quatre, etc. sur la longueur, sur la largeur; plier de biais de sorte que les lignes forment différents angles dans les coins déjà produits).

2. Passer un crayon sur certaines marques produites par les plis de façon à former carrés, rectangles et triangles.

3. Retravailler l'arrangement dans le cas où celui-ci ne serait pas de votre goût.

Lignes droites, courbes et saccadées

1. Tracer, dans une marge donnée, des lignes droites: horizontales, verticales, obliques, étroites et épaisses, courtes et longues qui s'entrecroisent tout en laissant des espaces irréguliers entre chacune; en changer la direction pour créer du mouvement et ajouter de l'intérêt **(ill. 128a)**.

2. Tracer, dans une marge donnée, des lignes courbes, étroites et épaisses, courtes et longues qui s'entrecroisent tout en laissant des espaces irréguliers entre chacune; en changer la direction pour créer du mouvement et ajouter de l'intérêt **(ill. 128b)**.

3. Tracer, dans une marge donnée, des lignes saccadées, étroites et épaisses, courtes et longues qui s'entrecroisent tout en laissant des espaces irréguliers entre chacune; en changer la direction pour donner du mouvement et ajouter de l'intérêt **(ill. 129)**.

4. Elaborer une autre composition à l'aide de lignes droites et courbes.

128a

b

129

Composition géométrique à l'aide d'un tracé

A —

1. Tracer un carré de 8 pouces [20 cm] A1, A2, A3, A4 **(ill. 130)**.

2. Diviser en quatre par des lignes droites B1, B3 et B2, B4.

3. Diviser en quatre par des diagonales A1, A3 et A2, A4.

4. Tracer des lignes droites, verticales, horizontales ou obliques entre deux points donnés A2, B3.

5. Diviser n'importe quelle ligne en un nombre égal de parties: C1 divise A1, B1.

6. A partir d'un point fixe, tracer des lignes parallèles ou perpendiculaires à une ligne donnée:
   Point D; E1, E2 est parallèle à A1, A2.
   Point F; B1, B2 est perpendiculaire à A2, A4.

7. Se servir d'un compas pour tracer autour d'un point fixe des arcs de cercle, etc.

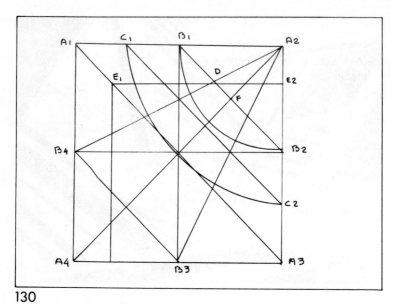

130

B —

1. Une fois le tracé géométrique suffisamment subdivisé, y superposer du papier-calque.

2. Tracer quelques lignes, à l'exclusion d'autres, pour réaliser des formes diverses.

3. Décider des valeurs tonales.

4. Appliquer la couleur.

Les compositions réalisables à partir de ce tracé géométrique sont presque illimitées (6).

Collage de cartons de couleur

1. Tailler, dans des cartons de couleur, des formes géométriques simples: carrés, cercles, triangles de même couleur.

---

(6) Louis Wolchonok: "Design for artists and craftsmen", New York, Dover Publications Inc., 1953.

2. Disposer de façon agréable et équilibrée sur un carton de couleur contrastante à l'intérieur d'une marge donnée; tenir compte du chevauchement qui ajoute intérêt et originalité tout en créant une illusion de profondeur et de perspective.

3. Une fois l'arrangement définitif, coller à l'aide de colle blanche **(ill. 131)**.

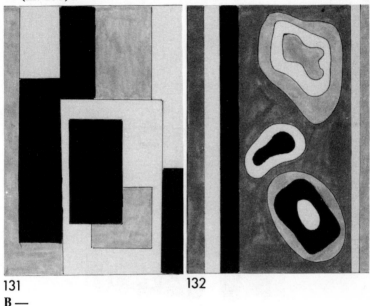

131   132

B —

Répéter l'exercice précédent tout en taillant les formes de divers volumes et de couleurs différentes et donner mouvement et rythme à l'arrangement (deux ou plusieurs tons créent l'illusion de perspective).

C —

Répéter l'exercice tout en rendant les formes plus intéressantes; tailler des ovales plutôt que des cercles, des rectangles plutôt que des carrés, des triangles isocèles plutôt qu'équilatéraux; ne pas négliger les formes floues, imprécises qui s'adaptent facilement à la technique du point rya **(ill. 132)**.

Lettres nouveau genre

1. Choisir certaines lettres de l'alphabet.
2. Leur donner une forme fantaisiste: en modifier les lignes composantes en exagérant certaines, en raccourcissant les autres **(ill. 133, 134 a-b)**.
3. En faire un arrangement plaisant.
4. Décider des valeurs tonales.
5. Appliquer la couleur.

133

134a   b

Ecriture double

1. Placer une feuille de papier carbone sous une feuille de papier blanc, le côté enduit de graphite contre la feuille de papier.

2. Plier les feuilles en deux.

3. Ecrire un prénom ou un nom de famille en lettres moulées ou en lettres courantes, près du pli de façon à reproduire l'écriture régulière et inversée.

4. Déplier la feuille, retirer le papier carbone et faire une composition à partir des lignes qui sont déjà là (masque, totem ou autre) **(ill. 135a-b-c, 136, 137, 70)**.

5. Appliquer la couleur; avant de décider des couleurs, tenir compte du fait que les masques par exemple ont une allure primitive; choisir les couleurs en conséquence.

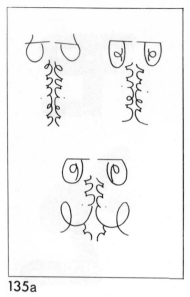

135a

135b

135c

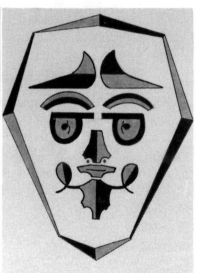

136

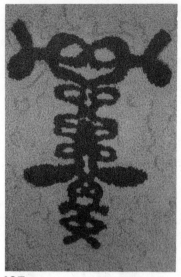

137   138

Décomposition de formes géométriques

1. Tailler, dans un carton de couleur, des formes géométriques simples: cercle, triangle, carré.
2. En découper un à la fois de façon conventionnelle ou fantaisiste. ATTENTION: conserver tous les morceaux!
3. Placer ces derniers, ici et là, sur un carton de couleur contrastante en modifiant l'arrangement de façon à rendre la composition intéressante (se rappeler que les contrastes vigoureux sont excellents en tapisserie).
4. Une fois l'arrangement définitif, coller à l'aide de colle blanche **(ill. 138)**.

Griffonnage

1. Tracer un rectangle qui servira de marge.
2. Travailler au crayon, à l'intérieur de la marge, en laissant glisser la main uniformément ici et là sans saccades et tracer des

lignes qui s'entrecroisent; retourner éventuellement au point de départ.

3. Ne jamais soulever le crayon; la ligne doit être continue et toucher la marge de temps à autre; certaines lignes sont entremêlées et épaisses, d'autres forment de lentes courbes, les dernières sont droites et forment des angles **(ill. 139)**.

4. Laisser la composition suggérer les lignes qui doivent être ajoutées.

5. Estomper certaines des formes obtenues, ajouter de la texture à d'autres, ne pas toucher aux dernières.

6. Appliquer la couleur (7).

139

(7) Ellis, Mary Jackson et Watson, Gene, "Creative Art Ideas for 3rd and 4th grade", De Gravel Lee 1959, T.S. Denison & Co. Inc., Minneapolis, U.S.A.

Refonte d'une carte géographique

1. Se servir d'une carte géographique, préférablement d'une vue aérienne.
2. Concentrer ses objectifs sur un point donné.
3. Modifier, sur papier, formes, espaces et volumes.
4. Composer un nouvel arrangement **(ill. 140)**.
5. Décider des valeurs tonales.
6. Appliquer la couleur.

Collage de papier de soie

1. Tracer une esquisse rapide qui servira de guide ou y aller à l'aveuglette.
2. Enduire le carton au pinceau d'une solution moitié colle blanche, moitié eau.
3. Disposer sur le carton enduit de colle, des morceaux de papier de soie déchirés.
4. Presser légèrement sur le papier pour coller et aplanir les rugosités.
5. Enduire à nouveau de la solution de colle.
6. Répéter aussi souvent qu'on le désire **(ill. 141)**.
7. Une fois le collage terminé, appliquer de l'encre de Chine par traits pour rendre intéressant OU laisser tomber des gouttes d'encre et pencher le papier en tous sens pour laisser couler.

Trucs

— Travailler de petites surfaces à la fois, car elles sont plus faciles à contrôler.
— Pâlir une couleur foncée en la recouvrant d'une couleur pâle.
— Foncer une couleur en la recouvrant d'une couleur de même ton.
— Superposer deux couleurs pour en obtenir une troisième (bleu + rose = violet).

140

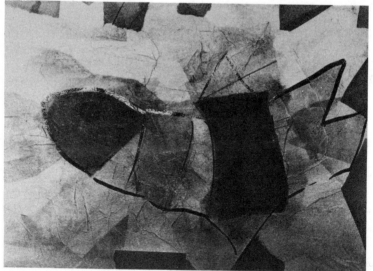

141

— Obtenir diverses textures en taillant le papier de soie ou en le déchirant en morceaux plus ou moins gros, sans aplanir les rugosités.

— Certains papiers déteignent plus facilement que d'autres; cet effet incorpore les couleurs et adoucit les contours.

— Pour éviter que les couleurs ne déteignent, n'ajouter que très peu d'eau à la colle et prendre soin de ne pas toucher du pinceau les bords déjà mouillés.

Stylisation

1. Choisir un élément, un objet à styliser (fleur, arbre, animal, insecte, etc.).
2. En extraire puis tracer les lignes de la forme de sorte qu'on puisse le reconnaître **(ill. 39)**.
3. Eliminer les détails superflus.
4. Décider des valeurs tonales et appliquer la couleur.

Abstraction

A) D'UN OBJET

1. Choisir un objet à reproduire de façon non réaliste.
2. En faire une première esquisse stylisée.
3. Réaliser une seconde esquisse en changeant quelques lignes: exagérer certaines lignes, en raccourcir d'autres, modifier quelques formes, les étudier sous différents angles, etc.
4. Répéter cette dernière opération en modifiant lignes et formes jusqu'au moment où on ne reconnaît plus l'objet et que le résultat devient une étude de formes et de volumes ne correspondant plus à la réalité.
5. Rassembler dans un nouvel ordre, selon son goût **(ill. 142 a-b-c, 40)**.
6. Indiquer valeurs tonales et textures.
7. Appliquer la couleur.

REMARQUE: le secret de la réussite consiste à réaliser une bonne série d'esquisses rapides.

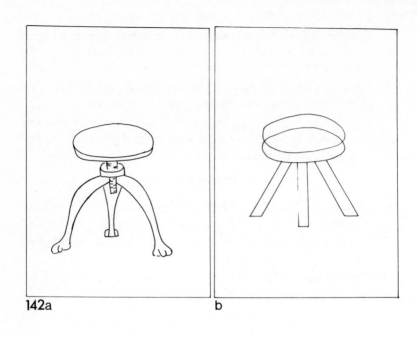

142a b

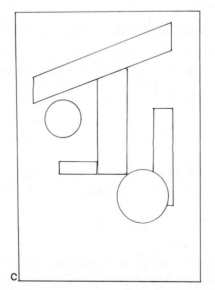

c

244

B) D'UN GROUPE D'OBJETS

Choisir un groupe d'objets disparates ou non et procéder tel qu'indiqué plus haut **(ill. 143 a-b-c-d-e-f, 144)**.

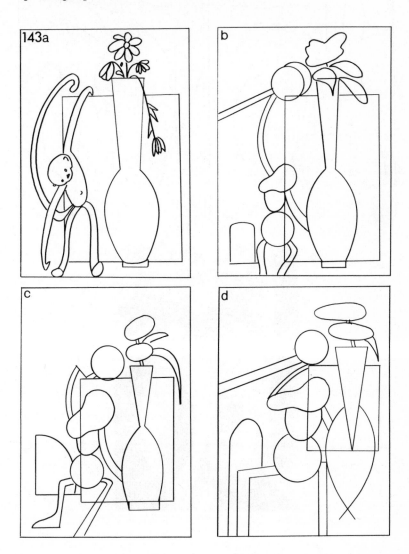

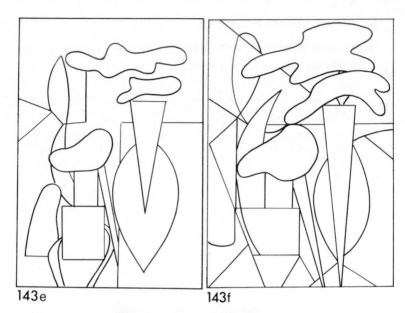

143e

143f

144

C) D'UNE ILLUSTRATION

1. Choisir une illustration ou une reproduction.
2. Se servir de papier-calque et tracer les grandes lignes pour en extraire les formes et les volumes de base.
3. Modifier des formes et les étudier sous différents angles pour leur donner un contour de plus en plus géométrique.
4. Les rassembler dans un nouvel ordre, selon son goût.
5. Indiquer les valeurs tonales et les textures.
6. Appliquer la couleur.

Symbolisme

1. Tracer des rectangles sur une feuille de papier.
2. Choisir un personnage, un livre, une pièce, un morceau de musique, un sentiment à dépeindre, une idée à transmettre.
3. Déterminer les formes qui conviennent le mieux, qui s'apparentent le plus à ce qu'on veut dépeindre (ill. 41).
4. Décider de la couleur ou de l'harmonie de couleurs qui rendra l'idée.
5. Fabriquer ses propres couleurs en pâlissant ou en ternissant une couleur pure ou en mêlant plusieurs couleurs.

Griffonnage: influencé par la musique

1. Préparer un assortiment de musique classique, semi-classique, populaire, électronique ou dissonante.
2. Composer plusieurs dessins, genre griffonnage, au son des diverses mélodies.

   REMARQUE: La musique douce inspirera sans doute des lignes souples tandis que les sons dissonants risqueront de produire des lignes saccadées.

3. Sélectionner certaines formes ainsi obtenues et les estomper ou les rendre intéressantes par l'addition de textures.
4. Appliquer la couleur.

COULEUR

Les exercices suivants ont pour objectif de vous familiariser avec le monde de la couleur, qui demeure, en réalité, l'élément le plus complexe de la composition. A la lumière des données élémentaires du chapitre de la couleur et des exercices suivants, apprenez à vous servir de la gamme des couleurs et des tons pour animer votre composition.

Roue des couleurs

1. Reproduire, sur papier, les formes de la roue des couleurs **(ill. 145)**.

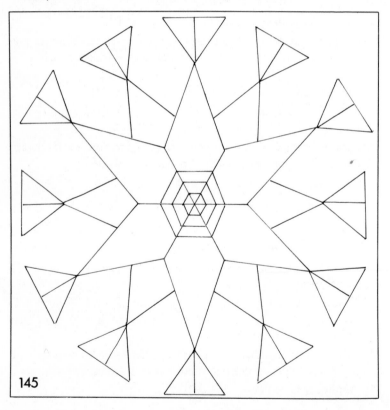

145

2. Appliquer au centre de la roue, de la gouache blanche, grise et noire.

3. Appliquer dans les formes réservées à cet effet et à la façon d'un triangle les trois couleurs primaires, le jaune en haut, le rouge et le bleu un peu plus bas; pâlir et ternir à l'aide du blanc et du noir dans les petits triangles réservés à cet effet.

4. Préparer soi-même les couleurs secondaires en mélangeant les gouaches de couleurs primaires et les appliquer entre les couleurs primaires qui les composent; pâlir à l'aide du blanc et ternir à l'aide du noir dans les petits triangles réservés à cet effet.

5. Préparer soi-même les couleurs tertiaires en mélangeant une couleur primaire et une couleur secondaire et les appliquer entre les couleurs qui les composent; pâlir à l'aide de blanc et ternir à l'aide de noir dans les petits triangles réservés à cet effet.

Echelle chromatique

1. Tracer un hexagone et le diviser en huit parties **(ill. 146 a-b)**.

2. Reproduire, à la gouache, l'échelle chromatique en partant du blanc et en allant jusqu'au noir.

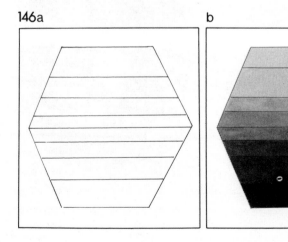

146a   b

REMARQUE

On s'en tient à six nuances en plus du blanc et du noir pour plus d'uniformité parce qu'on se limite à six gradations de tons pour teindre les carnets d'échantillons. Il est évident que l'on peut obtenir plus de tons; CEPENDANT, plus on multiplie les nuances, moins les différences entre chacune sont marquées jusqu'au moment où elles deviennent à peine perceptibles.

Echelle des valeurs tonales

1. Reproduire, sur papier, les formes de l'échelle de valeurs tonales.
2. Reproduire à la gouache la couleur choisie (à l'état pur), au centre, dans les deux triangles réservés à cet effet **(ill. 147)**.

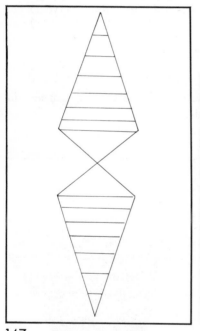

147

148

3. Appliquer du blanc dans le mini-triangle du haut.
4. Pâlir la couleur dans le triangle supérieur subdivisé en ajoutant de plus en plus de blanc de façon à obtenir six tons.
5. Appliquer du noir dans le mini-triangle du bas.
6. Ternir la couleur dans le triangle inférieur subdivisé en ajoutant de plus en plus de noir de façon à obtenir six tons

Répéter l'exercice douze fois pour reproduire l'échelle des valeurs tonales des couleurs primaires, secondaires et tertiaires.

NOIR

1. Obtenir du noir à partir des trois couleurs primaires.
2. Obtenir du noir à partir de violet et de vert.

Griffonnage et mélange de complémentaires pour obtenir des gris et des bruns

1. Tracer des marges.
2. Travailler au crayon, à l'intérieur des marges en laissant glisser la main uniformément ici et là sans saccades et tracer des lignes qui s'entrecroisent; retourner éventuellement au point de départ.
3. Choisir certaines des formes ainsi réalisées et y appliquer ce la gouache de deux couleurs complémentaires.
4. En choisir d'autres et y appliquer des mélanges graduels de ces deux couleurs (ill. 148).

Répéter l'exercice trois fois, soit avec le jaune et le violet, avec le rouge et le vert et enfin avec l'orange et le bleu.

Valeurs tonales chromatiques versus valeurs tonales de couleurs

1. Réaliser en deux exemplaires, côte à côte, une composition assez simple à partir de l'exercice de griffonnage ou tout autre exercice de composition.

2. Dans l'exemplaire de gauche, décider des valeurs tonales chromatiques de chaque forme (du blanc au noir).

3. Dans la composition de droite, appliquer les valeurs tonales en couleurs réelles (par exemple, ce qui est blanc dans le cadre de gauche deviendra jaune dans le cadre de droite; ce qui est noir dans le cadre de gauche deviendra violet dans le cadre de droite: les tons moyens de gris du cadre de gauche pourront être reproduits par le rouge-orangé ou le bleu-vert, etc.) **(ill. 148a)**.

Symbolisme des couleurs

1. Déterminer une idée à transmettre: joie et peine, amour et désaccord, chaud et froid, paix et guerre, saison ou mois de l'année, etc...

2. Tracer des rectangles sur une feuille de papier blanc ou un carton de couleur neutre.

3. Choisir la couleur la plus propre à mettre cette idée en valeur.

4. Découper des rectangles dans un carton de couleur appropriée puis coller dans les rectangles déjà tracés. (Dans un même rectangle, juxtaposer les idées ou les sentiments opposés).

DESSINS FORTUITS

Les exercices réunis sous cette rubrique fournissent des exemples de compositions accidentelles doublement agréables à réaliser du fait qu'on ne peut vraiment en prévoir les résultats. Si vous êtes intéressé par l'aspect imprévisible de ces compositions, libre à vous de consulter d'autres textes qui traitent du sujet, car les méthodes expliquées ci-dessous n'ont pour but que de piquer votre curiosité et vous inciter à découvrir d'autres procédés.

Crayons de cire fondue

1. Se servir de papier à fusain et de crayons de couleur de cire pour enfants.

148a

2. Etendre du papier journal sur la planche à repasser.

3. Parsemer sur le papier à fusain des râpures (des crayons de cire) de multiples couleurs.

4. Appliquer le fer préalablement chauffé à une température moyenne; ne laisser que quelques instants, juste assez pour fondre la cire puis soulever le fer; essuyer le fer sur du papier journal avant de répéter l'opération. Répéter sur toute la surface à couvrir.

5. Laisser refroidir.

REMARQUE

Les compositions ainsi obtenues sont accidentelles mais très jolies, les couleurs se «fondent» les unes dans les autres et on obtient des couleurs et des tons vraiment surprenants **(ill. 149)**.

149   Marcelle Vincent

OU

1. Appliquer directement le crayon de cire sur le fer renversé préalablement chauffé.
2. Y superposer la feuille de papier pour « imprimer » la composition.

REMARQUE

Ce procédé permet un contrôle plus précis de la composition.

Trucs

— Parsemer de râpures de tons qui se marient bien ou de couleurs aptes à en former d'autres.
— Plutôt que des râpures, utiliser de petits morceaux de crayons pour des surfaces plus étendues de même couleur.

— Essuyer toujours le fer sur du papier journal avant de travailler sur une autre surface.

— Ne jamais diriger le fer dans un grand mouvement de va-et-vient au risque d'obtenir des couleurs ternes, désagréables.

— Selon que l'on bouge le fer dans un petit mouvement de va-et-vient ou que l'on dépose le fer pour le soulever aussitôt la cire fondue, on obtient des mariages de couleurs ou des effets de texture différents.

Ficelle et colle

1. Tremper un morceau de ficelle, de laine ou de corde dans un mélange de colle et d'eau (une partie de colle et deux parties d'eau).

2. Laisser tomber lentement et sans restrictions, de plus ou moins haut, sur une feuille de papier.

3. Si l'arrangement est plaisant, presser sur le papier pour coller; la ficelle sera inerte et sans vie, créera du mouvement, donnera l'impression d'une carte géographique ou formera des espaces et des volumes.

4. Se laisser guider par l'arrangement puis estomper diverses surfaces pour donner de la profondeur.

Papier froissé

1. Mouiller du papier non absorbant.

2. Le froisser complètement.

3. Laisser sécher ou non.

4. Appliquer de la gouache de couleurs différentes ici et là; certaines parties du papier froissé seront soulevées et retiendront la gouache tandis que les autres en dépression resteront blanches de sorte qu'il se produira des effets de texture très intéressants.

Taches, éclaboussures

1. Mouiller ou non du papier non absorbant.
2. Laisser tomber ici et là quelques gouttes d'encre de Chine ou de gouache.
3. Plier la feuille et presser sur le papier de façon à étendre encre de Chine et gouache et à en obtenir une impression double.
4. Se servir du résultat comme point de départ d'une composition **(ill. 150)**. (7)

150

Gouttes

1. Se servir de papier non absorbant.
2. Mouiller le papier.
3. Laisser tomber ici et là des gouttes d'encre de Chine.
4. Pencher le papier en tous sens pour laisser couler l'encre ici et là ou même aider à la formation de ruisselets d'encre en soufflant dans une direction ou l'autre **(ill. 151)**.

---

(7) ELLIS, Mary Jackson & WATSON, Gene, "Creative Art Ideas for 3rd and 4th grade, De Gravel Lee 1959, T.S. Denison & Co. Inc., no 59-14414, Minneapolis, U.S.A.

5. Utiliser ce résultat accidentel comme point de départ d'une composition. (7)

151

REMARQUE

Se servir de gouache de couleurs différentes de la même façon; on obtiendra alors aussi des mariages et des mélanges intéressants de couleurs.

Grisaille

1. Se servir d'une feuille de papier mince et d'un épais crayon gras (ce dernier est plus rapide et plus efficace) ou d'un crayon mou.
2. Placer la feuille sur n'importe quelle surface texturée intéressante (écorce d'arbre, grain du bois, caillou plat, pierre gravée, émail cloisonné, etc...)

3. Glisser le crayon dans un mouvement de va-et-vient sur une partie de la surface à la fois, de façon à ne rien manquer; les patrons de la surface inférieure apparaîtront sur la feuille **(ill. 152)**.

4. Elaborer le dessin ainsi obtenu en ajoutant ici et là des lignes, des formes, etc.

5. Estomper de diverses valeurs tonales.

6. Appliquer la couleur. (8)

152

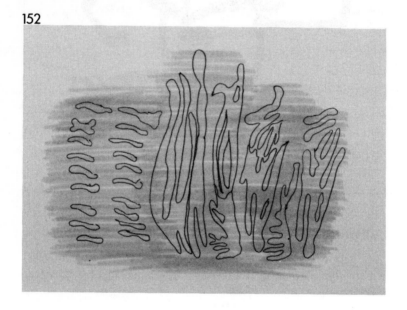

REMARQUE

L'originalité des compositions ainsi obtenues dépendra de la recherche, de l'imagination et de l'esprit créateur de chacun.

---

(8) KOHLS, Robert "Your Art Idea Book", The Instructor Publications, Inc., Dansville, N. Y., 1962-1965-1973.

Colle plastique

1. Se servir d'un papier blanc ou de couleur.

2. Y laisser tomber de la colle ici et là (à l'aide d'un pinceau) ou l'appliquer de façon désordonnée et laisser sécher.

3. Etendre au pinceau peinture, gouache ou encre de Chine et laisser sécher.

4. Frotter des doigts la colle séchée pour l'enlever et révéler par le fait même une autre composition « accidentelle » **(ill. 153)**.

Après tous ces exercices, osez dire que vous ne pouvez dessiner! Les résultats ne seront peut-être pas tous extraordinaires, mais les plus pessimistes pourront sûrement avouer quelques « succès ».

153

11 - Trucs du métier

Nous ne pouvons terminer ce livre sans vous offrir, sous forme plus ou moins ordonnée, un tas de trucs qui, nous l'espérons, vous rendront service dans la création et l'exécution de tapisseries.

FOURNITURES

CISEAUX

Essuyer des doigts les lames pour les rendre plus coupantes.

TRANCHE-TISSU

Essuyer des doigts les lames des têtes pour les rendre plus coupantes. ATTENTION de ne pas se couper.

NE JAMAIS tailler d'autres tissus que les lainages ou du moins les textiles de fibres naturelles; les tissus synthétiques endommagent les lames.

MÉTIER

Conserver les vieilles tables à cartes qui ne servent plus; elles peuvent servir de métier. Enlever le dessus de la table, enrouler tout autour du cadre des bandes de tissu usagé (vieux manteau) ou poser sur deux côtés opposés des clous droits en permanence pour retenir le canevas; au moment d'utiliser le « métier », fixer les deux autres côtés du canevas à l'aide de punaises (ill. 154).

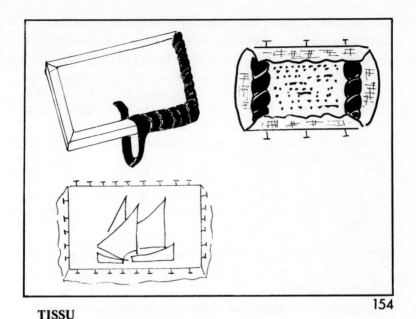

154

TISSU

Se servir de flanelle de laine de préférence à cause de son élasticité, de sa durabilité et de l'aisance avec laquelle on peut la poinçonner. Si on emploie d'autres textiles que la laine, s'assurer qu'ils sont de bonne qualité et accorder la préférence à un tissu à tissage simple et serré.

— Déterminer la composition du tissu en faisant brûler un petit échantillon: la laine naturelle brûle assez lentement et émet une odeur de cheveux brûlés; la partie brûlée frise quelque peu et forme une petite boule qui s'effrite au toucher. Le textile synthétique est plus difficile à déterminer; habituellement, il fond et forme une boule dure, mais dépendant de sa composition chimique, il peut avoir d'autres caractéristiques; la rayonne brûle rapidement et la partie carbonisée s'effrite; l'acétate émet une forte odeur désagréable; d'autres fibres synthétiques fondent en produisant des étincelles; les mélanges de fibres naturelles et synthétiques fondent, forment une boule dure et émettent une odeur de cheveux brûlés.

— Améliorer la texture d'un tissu, qu'il soit neuf ou usagé, en le lavant dans l'eau chaude savonneuse et en le séchant dans la sécheuse avant de le tailler pour le feutrer et le fouler.

— Ne jamais se servir de ciseaux pour tailler les lainages en échantillons de 4 pouces sur 12 pouces [10 cm sur 30 cm], mais les déchirer dans la direction de la chaîne (fil qui passe dans le sens de la longueur); dans l'incertitude, vérifier la tension dans les deux sens puis déchirer dans le sens qui s'étire le moins.

— Tailler les bandelettes au tranche-tissu en tournant l'échantillon bout pour bout, une fois chaque lisière de bandelettes taillée.

— Conserver les bandelettes des côtés de l'échantillon et les utiliser pour simuler un effet d'incorporation au contour extérieur des fleurs.

— Conserver les bandelettes taillées au tranche-tissu dans des petits sacs de plastique; séparer les tons en liant au moyen d'attaches ou se servir de cartons agrafés ou de boîtes de conserve ou de petites boîtes de carton.

— Déterminer la quantité de flanelle nécessaire au poinçonnage d'une surface en multipliant par 3 ou 4 (en allant jusqu'à 9 selon le cas) la surface à couvrir.

LAINE

Employer de la laine naturelle en écheveau dans la confection d'un rya destiné à couvrir le plancher et en déterminer les quantités nécessaires de la façon suivante: calculer 8 onces [225 gr] le pied carré [30 cm carrés] ou doubler les quantités pour un rya plus touffu à boucles plus longues OU faire un échantillon d'un pied carré [30 cm carrés] de nœuds de la longueur voulue, le peser et multiplier par le nombre de pieds (cm) carrés du rya à confectionner.

— 16 onces [450 gr] de laine couvrent 6½ carrés de 3 pouces

sur 3 pouces [7,5 cm x 7,5 cm] de canevas de Smyrne dans la confection d'une tapisserie au crochet à clenche pour un équivalent de 58½ pouces carrés [146 cm carrés]. Pour déterminer la quantité de laine nécessaire, on peut aussi faire un échantillon d'un carré du canevas de 9 pouces carrés [22.5 cm carrés] de nœuds de longueur voulue, le peser et multiplier par le nombre de pieds (cm) carrés de la surface à couvrir.

CANEVAS

Avant de tailler le canevas, décider des dimensions de la composition et de la marge de références (surface excédant la composition et permettant assez de jeu pour tendre le canevas d'aplomb sur le métier et plus tard pour le monter convenablement). Il vaut mieux avoir trop de tissu, car on peut toujours en couper l'excédent.

— Avant de commencer à poinçonner, ourler ou poser un ruban à tapis à la main ou à la machine pour éviter les effilochures ou encore coller du ruban cache.

— Se servir de canevas de couleur pour les tapisseries à arrière-plan non poinçonné. ATTENTION: éviter le bleu qui a tendance à changer très vite.

— Se servir de canevas de teinte naturelle pour les travaux à arrière-plan poinçonné.

ACUITÉ VISUELLE

ESTOMPAGE

— Se servir de l'estompage irrégulier pour donner un effet réaliste.

— Se servir de simili-estompage pour styliser ou donner un effet semi-réaliste.

— Mêler les deux techniques dans une même composition pour ajouter de l'intérêt.

— Estomper les pétales des fleurs selon leur position qui déterminera si le pétale est considéré A, B ou C.

— Ne JAMAIS reproduire l'estompage sur le canevas; ceci évite une perte de temps, car en poinçonnant on doit parfois changer les lignes de démarcation de l'estompage et on prévient du même coup la souillure de la laine.

Composition

— Ne JAMAIS poinçonner une composition avant d'avoir réalisé les étapes suivantes:

marges

croquis minuscule

croquis en couleur

agrandissement

étude détaillée

choix des points

choix du matériel à employer pour l'exécution des points

reproduction de la composition sur canevas

— Toute composition commence par une idée; faire une marge, travailler à l'intérieur de cette marge avec des formes simples ou géométriques, penser formes, volumes, directions, ajouter les détails, faire plusieurs esquisses, choisir la meilleure, trouver un thème de couleurs appropriées.

— Guy Rainsford, instructeur des cours par correspondance du Famous Artists School met l'emphase sur les trois points suivants pour arriver à une bonne composition:

1. Tracer tout d'abord les formes principales et les garder simples, car les détails peuvent être ajoutés plus tard.

2. Varier formes et volumes.

3. S'assurer que les lignes directrices guident l'œil vers le centre d'intérêt.

— Penser formes géométriques dans une ébauche de composition puis substituer les formes réelles.

ARRANGEMENT FLORAL

— Ne pas encombrer de fleurs.

— Disposer les formes en triangle.

— Se servir de tiges souples comme lignes directrices guidant l'œil vers le centre d'intérêt.

— Créer un centre d'intérêt en plaçant une fleur plus volumineuse ou plus brillante que les autres un peu plus bas qu'à la moitié de la hauteur pour un meilleur équilibre.

— Cacher par une fleur ou une feuille les tiges qui se croisent, car ces dernières ruinent l'arrangement.

— L'arrangement floral doit avoir $1\frac{1}{2}$ fois la hauteur ou la largeur du vase.

— La bordure du vase doit être plus basse que la moitié de la composition.

— Tracer la ligne représentant la limite de la surface sur laquelle le vase repose en arrière du vase et plus bas que sa demi-hauteur.

— L'arrangement formel est triangulaire.

— La disposition asymétrique des fleurs ou un arrangement en longueur ou en hauteur donne une allure plus moderne.

— Petit truc qui s'adresse aux débutants: fouiller dans les revues ou consulter l'album de références, choisir un arrangement agréable, en calquer les lignes de base puis substituer certaines fleurs par d'autres qui plaisent davantage et voilà sans trop de difficultés, un arrangement attrayant plus personnel que s'il avait été calqué du début à la fin.

— Examiner la composition inversée pour vérifier l'exactitude des formes et des valeurs tonales ou encore la regarder dans un miroir.

— Vérifier l'estompage de la composition d'une œuvre importante en prenant une photographie en noir et blanc.

AGRANDISSEMENT

— Diviser toute la surface de la composition terminée en carrés d'un demi-pouce [1.25 cm] ou d'un pouce [2.5 cm] selon les dimensions de la composition. Tracer, sur une feuille plus grande, des carrés de 2 ou 3 pouces [5 ou 7.5 cm]; les tracer plus gros si désiré.

Reporter les lignes de la composition de la feuille la plus petite sur la feuille la plus grande en ne considérant qu'un carré à la fois **(ill. 155)**.

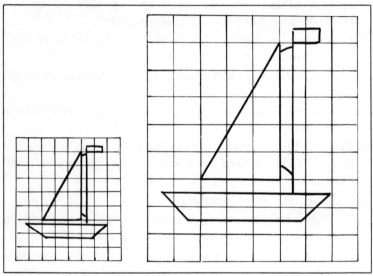

155

REPRODUCTION DE LA COMPOSITION SUR CANEVAS

MÉTHODE HABITUELLE

— Placer du papier carbone (côté enduit de graphite contre le canevas) puis la composition sur le canevas.

Passer le crayon sur toutes les lignes pour les reproduire.

Retracer toutes les lignes de la composition sur le canevas au crayon feutre à base d'eau pour rendre moins tachant et plus permanent;

OU

Se servir du crayon « magique » (offert dans le commerce à cet effet) qui reproduit les lignes quand on repasse avec un fer à repasser.

— Retracer sur l'envers du papier à l'aide du crayon « magique » les lignes de la composition.

— Imprimer à l'aide d'un fer très chaud tels les papiers-calque commerciaux.

MÉTHODES PARTICULIÈRES

Poinçon ou poinçon renversé

— Placer deux feuilles de papier carbone l'une en dessous, l'autre sur le canevas, (côté enduit de graphite directement contre le canevas); y superposer la composition, en tracer les lignes au crayon de façon à les reproduire puis retracer les lignes de la composition sur le canevas au crayon feutre à base d'eau pour rendre moins tachant et plus permanent.

Point noué

— Placer la composition sous le canevas de Smyrne et en tracer les lignes à l'aide d'un crayon feutre à base d'eau.

Couleur

— Décider du sentiment à transmettre puis choisir les couleurs appropriées; une scène tranquille et fraîche diffère d'une scène vibrante et chaude.

— Disposer les couleurs en triangle.

— Répéter chaque couleur au moins trois fois dans une composition, car un nombre impair donne de meilleures proportions; cette règle s'applique aussi à la couleur surprise.

— Donner de la profondeur ou une troisième dimension à l'aide de petites surfaces ombragées d'un bleu ou d'un violet très foncé; ceci s'applique aux mini-surfaces entre les éléments d'une composition.

— Choisir des couleurs contrastantes et accentuées pour donner une allure moderne.

— Aux ombrages, ajouter une couleur froide; aux surfaces ensoleillées, ajouter une couleur chaude.

ARRIÈRE-PLAN

— Choisir les couleurs de l'arrière-plan en même temps que les autres couleurs de la composition.

— Se servir de trois tons d'une même couleur; contour des objets = ton foncé, extérieur de la composition = ton pâle et le reste de la surface à couvrir = ton moyen.
De plus si on arrive à manquer de laine, il est plus facile de marier les tons si on en utilise plus d'un.

— La couleur de l'arrière-plan doit aussi s'agencer avec le décor de l'intérieur.

— Choisir un ton pâle de la couleur dominante de la composition
OU une couleur complémentaire de la couleur dominante.

— Eviter les couleurs pures.

— Choisir des couleurs neutres ou des tons pâles pour donner un effet pastel.

ARRANGEMENT FLORAL

— Employer un violet très foncé et non la couleur de l'arrière-plan pour remplir de petites surfaces entre les fleurs et les feuilles d'un arrangement floral afin de donner de la profondeur.

— Choisir une couleur plus terne que le reste de la composition pour le vase (exemple: brun terne ou vert).

— Se servir de tons pâles ou de tons foncés de couleurs adjacentes dans une composition traditionnelle.

— Utiliser des couleurs accentuées et contrastantes pour donner une allure moderne.

Teinture

— Ne pas se surprendre d'obtenir des résultats différents (variantes tonales) d'une session de teinture à l'autre.

— Une foule de facteurs peuvent influencer les résultats: l'eau qui diffère d'une région à l'autre (l'eau douce donne les meilleurs résultats), l'eau plus ou moins chaude et plus ou moins savonneuse du bain de détergent fera absorber plus ou moins uniformément le vinaigre (employer la même marque commerciale tout au long d'une même teinture) et la région d'où proviennent les matières premières en teinture à base de produits naturels.

— Prendre soin de teindre en quantité suffisante pour couvrir une surface donnée.

— Inscrire dans un carnet réservé à cet effet, ses recettes personnelles de couleur, pour pouvoir les répéter le cas échéant.

— Ne jamais se départir d'un vieux poêlon électrique ou d'une casserole émaillée, car ils peuvent servir en teinture.

— Epingler les échantillons aux couleurs dégradées sur un vieux linge à l'aide d'épingles à ressort avant de les faire sécher pour éviter de mêler les tons.

— A défaut de plat émaillé, faire sécher au four, plutôt que dans la sécheuse, les écheveaux de laine sur une plaque à biscuits.

Technique du poinçonnage

— Tendre le canevas sur le métier pour le rendre rigide tel un tambour afin d'en faciliter le poinçonnage.

— Développer une technique de roulis au crochet; tirer la boucle uniformément et assez haut pour que le résultat final ne ressemble pas à de la chenille.

— Tirer à l'endroit du canevas les deux bouts des bandelettes.

— Garder les bandelettes plates et non tordues à l'envers du canevas.

— Ne jamais croiser les boucles à l'arrière du canevas ou revenir sur ses pas, car on risque de défaire la boucle précédente; il vaut mieux couper puis recommencer plus loin.

— Ne pas encombrer l'ouvrage; vérifier de temps à autre l'arrière de la tapisserie qui doit être égal et régulier.

— Travailler dans le sens du mouvement du dessin; dans le cas d'un pétale par exemple, poinçonner dans la direction où pousse le pétale.

— Ne jamais poinçonner le contour pour remplir ensuite.

— Travailler de l'intérieur vers l'extérieur sauf dans le cas du point sculpté où l'on poinçonne une partie du contour et où l'on travaille graduellement de l'extérieur vers l'intérieur.

— Pour simuler les dents des feuilles dentelées, à intervalles réguliers et tout autour du contour de la feuille, tirer la laine à la surface du canevas, faire une boucle, tirer à nouveau la laine à la surface du canevas puis couper.

— Poinçonner les éléments de la composition et l'arrière-plan en même temps; le fait de travailler les deux de concert brise la monotonie.

— Points-patrons: dans le cas de canevas tissé lâche, ne pas sauter un espace et deux fibres entre chaque boucle.

ARRIÈRE-PLAN

— Ne jamais poinçonner en lignes droites qu'elles soient horizontales ou verticales, sauf pour obtenir un effet spécial. Travailler plutôt en lignes ondulées en forme de « S »; éparpiller ces « S » et poinçonner tout autour jusqu'au moment où ils se rejoignent.

— Couper les boucles et sculpter au fur et à mesure, car il devient très monotone de seulement couper des boucles.

- Poinçonner et encoller avant de couper les boucles surtout si le travail est un peu lâche (le travail serré empêche les boucles de se défaire).
- Se servir de cure-dents pour repérer les omissions de poinçonnage; les piquer à l'envers du canevas, retourner l'ouvrage puis remplir.

Montage

- Badigeonner l'arrière des tapisseries aux boucles courtes ou coupées d'un fixatif composé de deux parties de colle et d'une partie d'eau pour les tenir en place et éviter qu'elles se défassent.
- Ne jamais se servir de fixatif en aérosol à cause des vapeurs toxiques, mais surtout parce que le fixatif passera au travers du canevas et rendra les boucles raides.
- Tendre la tapisserie sur un faux-cadre avant de l'encoller: sinon on ne pourra l'étirer au maximum.

Trucs disparates

- Ne jamais se départir d'anciens fers à repasser qui peuvent servir au bricolage et à certains exercices de composition.
- Nettoyer les tapisseries à l'aide de l'aspirateur muni de l'accessoire pour nettoyer les meubles.
- NE JAMAIS recouvrir la tapisserie d'une vitre, car cela détruit l'effet désiré et constitue un excellent terrain d'incubation pour les mites.

Bibliographie

Loin de nous la prétention de considérer ce livre comme un ouvrage exceptionnel traitant à fond tous les domaines touchant de près ou de loin la tapisserie. Nous avons plutôt voulu en faire une initiation à l'art général orienté vers la création de tapisserie. Nous voulons piquer votre curiosité et vous inciter à chercher plus loin encore pour parfaire vos techniques de création et d'exécution. Voici à cet effet une liste d'ouvrages qui nous ont aidées et dont vous pourrez tirer profit. Soulignons ici les cours de « Famous Artists School », Westport, Connecticut, U.S.A., qui, grâce à d'excellents textes ont largement contribué à la rédaction des chapitres traitant de la composition et de la couleur.

BEAUPRÉ, Viateur

Les Arts plastiques, Centre éducatif et culturel, Montréal, 1968.

BERTRAND, Simone

La tapisserie de Bayeux et la manière de vivre au XIe siècle, Saint-Léger-Vaubon, Yvonne, Zodiaque.

CHATELET, Albert, CONSTANTINE, Mildred

Contemporary French Tapestries, Published by Charles E. Slatkin Inc., Galleries New York 1965.

ELLIS, Mary Jackson et WATSON, Gene

Creative Art Ideas for 3rd and 4th grade, De Gravel Lee 1959, T.S. Denison & Co. Inc., Minneapolis, U.S.A.

ENCYCLOPAEDIA BRITANNICA, INC.

Chicago; Funk & Wagnalls Company, N.Y. Edition de 1959.

EVERARD, Barbara, MORLEY, Brian D.

Wild Flowers of the World; Rainberd Reference Book Ltd, 1970, Italy.

FAMOUS ARTISTS SCHOOL

Commercial Art Home Study Course, Westport Connecticut, U.S.A.

GALERIE NATIONALE DU CANADA

Musée de l'Homme, Paris, mars-sept. 1969, Galerie Nationale du Canada, Ottawa, 1969, janvier 1970, Paris, Société des amis du Musée de l'Homme.

Chefs-d'oeuvre des arts indiens et esquimaux du Canada.

GIRARD, Robert

Art et technique du dessin, Paris, 1965, Fernand Nathan.

ITTEN, Johannes

« L'art de la couleur », Dessain et Toldra, 10, rue Cassette, Paris, 6e, 1973, Edition originale parue en langue allemande sous le titre « Kunst der farbe », Editions Otto Maier Verlag, Ravensburg.

JAMESON, Kenneth

You can draw, published in London by Studio Vista Limited, Blue Star House, 1967, Highgate Hill, London N. 19.

KANDINSKY, Wassily

Ecrits complets, La Forme présentée par Philippe Sers, Denoël-Gonthier, Paris, 1970.

KLAMKIN, Marion

Flowers Arrangements that last, MacMillan Co., New York, 1968.

KOHLS, Robert

Your Art Idea Book, The Instructor Publications, Inc., Dansville, N.Y., 1962, 1965, 1973.

LAMY, Laurent et Suzanne

La Renaissance des Métiers d'Art au Canada français, Québec, Ministère des Affaires culturelles, 1967.

LIBRAIRIE LAROUSSE

Grand Larousse supplément — encyclopédie, Librairie Larousse, 17 rue Montparnasse et Boulevard Raspail 114, Paris VI, 1969 — Canada — Les Editions Françaises Inc. — Librairie Larousse (Canada) Ltd.

LEECHMANN, Douglas

Vegetable dyes from North American plants, published by: The Southern Ontario Unit of the Herb Society of America, 1969.

LIOBERA, Joseph et OLTRA, Romain

Livre Savoir Peindre Editions AFHA sept. 1972, volume II (5e volume de la collection Savoir Dessiner — Savoir Peindre).

MAITLAND-GRAVES

The Art of Color and Design, 2nd edition 1951, N.Y. McGraw Hill.

PÉRARD, Victor

Drawing Flowers, Pitman no 12 Publishing Corporation New York-Toronto-London, 1948-54-58.

PONENTE, Nello

Klee, étude biographique et critique, trad. de l'italien par Rosabianca Skira, Genève, Skira 1960.

PRICOLO, Joan B.

800 dessins décoratifs et leur utilisation, Paris VI, Fernand Nathan 1961.

RAYNES, John

Starting to Paint in Oil, ARCA MSIA 1966 published in London by Studio Vista Limited, Blue Star House, Highgate Hill, London N. 19.

ROWAN, Ted & Margaret

Creative approach to rug hooking: Rannie Publications Ltd., Densville Ontario, 1968.

RUDEL, Jean

Beaux-Arts Encyclopédie — Des mégalithes à l'op-art, Bordas-Paris, 1971.

THEZARD, Joël

Le Dessin sans maître en douze leçons, Paris, Editions Albin Michel, 1964.

WEIGERT, Roger Armand

La Tapisserie et le Tapis en France, Paris, Presse Universitaires de France, Paris 1964.

WOLCHONOK, Louis

Design for Artists and Craftmen, Dover Publications Inc., 1953.

Lexique

A

ACUITÉ VISUELLE: observation méticuleuse des détails.

AIGUILLE À BOUT ROND: aiguille, courbée ou non, à bout rond servant à l'exécution du point rya.

ALBUM DE RÉFÉRENCES: cahier contenant des découpures aptes à inspirer.

ABSTRACTION: forme d'expression artistique dans laquelle lignes, formes et couleurs sont mises en relief de façon non figurative.

B

BANDELETTES: fines bandes de flanelle taillées au tranche-tissu.

« BINCA »: toile ajourée tissée en alvéoles réparties uniformément, excellente pour le poinçon.

C

CARNET D'ÉCHANTILLONS: ensemble de six échantillons de flanelle aux tons dégradés, destinés à la reproduction de l'estompage réaliste.

CANEVAS: toute toile servant de base à la tapisserie.

CANEVAS DE SMYRNE: gros canevas servant uniquement à l'exécution du point noué.

CHEVAUCHEMENT: action de recouvrir partiellement lignes ou formes de façon à accorder plus de valeur à l'élément essentiel ou pour créer une impression de profondeur.

CISEAUX COURBÉS: ciseaux à angle, nécessaires pour le ciselage et la sculpture.

COLLAGE: art de disposer et de fixer sur une surface, en vue de créer une composition, découpures de revues, déchirures de papier ou de carton, morceaux de tissu etc . . .

COMPOSITION (DESIGN): arrangement d'éléments selon certains principes de base de façon à former un tout harmonieux.

CONCEPTION: création intellectuelle relevant de l'imagination.

COULEURS COMPLÉMENTAIRES: couleurs directement opposées sur la roue des couleurs.

COULEURS PRIMAIRES: couleurs de base obtenues par la décomposition de la lumière; au nombre de trois: jaune, rouge et bleu; elles servent à former toutes les autres teintes.

COULEURS PURES: matières colorantes présentant leur maximum d'intensité; se disent des peintures telles qu'elles sortent du tube avant d'être mélangées.

COULEURS SECONDAIRES: couleurs obtenues à partir du mélange de deux couleurs primaires: orange, vert, violet.

COULEUR SURPRISE: couleur n'appartenant pas nécessairement à une harmonie donnée, mais complémentaire de la couleur dominante.

COULEURS TERTIAIRES: couleurs obtenues à partir du mélange d'une couleur primaire et d'une couleur secondaire: jaune-vert, bleu-vert, bleu-violet, rouge-violet, rouge-orangé, jaune-orangé.

COUPE-LAINE: petit instrument rond muni d'une manivelle, dans lequel on insère la laine qui en ressort coupée en longueurs d'environ 3 pouces [7,5 cm].

CRÉATION: œuvre inventée de toutes pièces.

CROCHET À CLENCHE: instrument à manche de bois et à tige de métal dont l'extrémité est recourbée et munie d'une clenche, servant à l'exécution du point noué.

CROCHET SIMPLE OU COURBÉ: instrument à tige de métal droite ou courbée, muni d'un manche de bois, servant à tirer la laine au travers du canevas.

CROQUIS: premières ébauches d'une composition.

CROQUIS MINUSCULE: petit dessin préliminaire.

D

DÉCOLORANT: poudre ou solution chimique commerciale servant à décolorer les lainages déjà teints.

« DOBBY CLOTH »: toile ajourée tissée en alvéoles à intervalles réguliers, excellente pour le rya et le point noué.

E

ESPACE NÉGATIF: espace non occupé par le sujet; espace vide de la composition.

ESPACE POSITIF: espace occupé par les éléments ou les formes; espace rempli de la composition.

ESTOMPAGE: gradation de tons d'une même couleur illustrant les jeux d'ombres et de lumières.

ESTOMPAGE IRRÉGULIER: estompage dirigé par une série de petits traits guidant les démarcations des tons suivants.

F

FAUX-CADRE: moulure de bois servant de métier pour tendre le canevas ou de support pour monter la tapisserie.

FIXATIF: solution de colle et d'eau dont on badigeonne l'arrière des tapisseries à boucles courtes ou coupées.

G

GOUACHE (TEMPERA): peinture épaisse utilisée surtout dans les affiches publicitaires, excellente pour divers exercices de composition.

GRIFFONNAGE: esquisse plus ou moins spontanée.

GRISAILLE: reproduction de texture par frottement dans les tons de gris.

H

HARMONIE ANALOGUE: harmonie résultant de l'utilisation de trois à cinq couleurs apparentées qui se suivent dans la roue des couleurs comme le bleu, le bleu-vert et le vert.

HARMONIE DE COMPLÉMENTAIRES: harmonie résultant de l'utilisation de deux couleurs directement opposées sur la roue des couleurs et de toutes les teintes obtenues à partir du mélange de ces deux couleurs.

HARMONIE DE COMPLÉMENTAIRES DIVERGENTES: semblable à l'harmonie de couleurs complémentaires, celle-ci touche trois points sur la roue des couleurs dont deux sont juxtaposés à la complémentaire; par exemple, le jaune qui complète le violet a pour complémentaires divergentes le rouge-violet et le bleu-violet.

HARMONIE MONOCHROME: harmonie réalisée en une seule couleur mais à plusieurs degrés d'intensité et de valeur tonale.

HARMONIE DE TRIADES: harmonie composée de trois couleurs également distantes sur la roue et y formant un triangle équilatéral.

«HOPSACK»: toile à tissage simple faite de fibres de coton.

J

JUTE: toile naturelle ou de couleur, à tissage moyen, d'usages multiples.

M

MÉTIER À TAPISSERIE: cadre de bois ou de métal, rond ou carré sur lequel on tend et fixe le canevas à l'aide de punaises ou d'agrafes pour en faciliter le poinçonnage.

O

OURLET: repli cousu au bord du canevas pour empêcher les effilochures.

P

PAPIER-CALQUE: papier végétal transparent utilisé pour certains exercices de composition ou le décalque de ses propres dessins.

PAPIER CARBONE: papier enduit de graphite servant à la reproduction des dessins sur le canevas.

POINÇON: instrument à manche de bois ou non et à tige de métal semi-cylindrique, munie d'un chas pour enfiler la laine; certains poinçons plus élaborés sont pourvus de têtes interchangeables et de crans d'arrêt, qui règlent la hauteur des boucles.

POINÇONNER: piquer le crochet ou le poinçon dans un espace du canevas pour former des boucles de flanelle ou de laine.

R

RÉALISME: façon de reproduire exactement les choses telles qu'on les voit.

ROUE DES COULEURS: schéma circulaire sur lequel figurent dans l'ordre et à égales distances les unes des autres les couleurs primaires, les couleurs secondaires et les couleurs tertiaires.

RUBAN À TAPIS: bande de toile tissée en diagonale que l'on coud autour du canevas pour empêcher les effilochures.

RYA: point noué d'origine scandinave exécuté à l'aiguille: ce terme désigne aussi l'œuvre terminée.

S

SIMILI-ESTOMPAGE: imitation d'ombrages (de chaque côté d'une ligne médiane) de tons pâles à foncés d'un côté et de tons foncés à pâles de l'autre.

SOLUTION COLORANTE PRIMAIRE: poudre de teinture diluée dans l'eau dont on se sert pour préparer la solution colorante secondaire.

SOLUTION COLORANTE SECONDAIRE: mélange de couleur de son cru qui servira directement à la teinture proprement dite.

STYLISATION: insistance sur la forme de base plutôt qu'exactitude de représentation.

SYMBOLISME: utilisation de la forme et de la couleur en tant que symbole pour exprimer une émotion, une idée ou une particularité caractéristique.

T

TAPISSERIE: œuvre exécutée au métier sur du canevas avec des bandelettes de flanelle ou de la laine en écheveau à l'aide du crochet simple ou courbé, du poinçon, du crochet à clenche ou de l'aiguille à bout rond.

TECHNIQUE: façon d'utiliser les outils et méthodes d'exécution de certains points.

TEINTURE: poudre en sachet que l'on dilue dans l'eau pour ensuite colorer la laine.

TOILE DE BURE: toile à tissage moyen faite de fibres plus durables que le jute.

TRANCHE-TISSU: instrument muni d'une manivelle et d'un étau ainsi que de lames interchangeables, servant à tailler la flanelle en bandelettes.

TROUSSE: ensemble du nécessaire à poinçonner, offert dans le commerce, comprenant laine, canevas imprimé et crochet.

V

VISIONNEUSE: carré découpé dans un carton qui sert à isoler un détail agréable d'une composition ou à éliminer le superflu.

Achevé d'imprimer sur les presses de
L'IMPRIMERIE ELECTRA
pour
LES EDITIONS DE L'HOMME LTÉE

Ouvrages parus chez les Éditeurs du groupe Sogides

Ouvrages parus aux ÉDITIONS DE L'HOMME

ART CULINAIRE

Art de vivre en bonne santé (L'), Dr W. Leblond, **3.00**

Boîte à lunch (La), L. Lagacé, **3.00**

101 omelettes, M. Claude, **2.00**

Choisir ses vins, P. Petel, **2.00**

Cocktails de Jacques Normand (Les), J. Normand, **2.00**

Congélation (La), S. Lapointe, **2.00**

Cuisine avec la farine Robin Hood (La), Robin Hood, **2.00**

Cuisine chinoise (La), L. Gervais, **3.00**

Cuisine de maman Lapointe (La), S. Lapointe, **2.00**

Cuisine des 4 saisons (La), Mme Hélène Durand-LaRoche, **3.00**

Cuisine française pour Canadiens, R. Montigny, **3.00**

Cuisine en plein air, H. Doucet, **2.00**

Cuisine italienne (La), Di Tomasso, **2.00**

Diététique dans la vie quotidienne, L. Lagacé, **3.00**

En cuisinant de 5 à 6, J. Huot, **2.00**

Fondues et flambées, S. Lapointe, **2.00**

Grande Cuisine au Pernod (La), S. Lapointe, **3.00**

Hors-d'oeuvre, salades et buffets froids, L. Dubois, **2.00**

Madame reçoit, H.D. LaRoche, **2.50**

Mangez bien et rajeunissez, R. Barbeau, **3.00**

Recettes à la bière des grandes cuisines Molson, M.L. Beaulieu, **2.00**

Recettes au "blender", J. Huot, **3.00**

Recettes de maman Lapointe, S. Lapointe, **2.00**

Recettes de gibier, S. Lapointe, **3.00**

Régimes pour maigrir, M.J. Beaudoin, **2.50**

Soupes (Les), C. Marécat, **2.00**

Tous les secrets de l'alimentation, M.J. Beaudoin, **2.50**

Vin (Le), P. Petel, **3.00**

Vins, cocktails et spiritueux, G. Cloutier, **2.00**

Vos vedettes et leurs recettes, G. Dufour et G. Poirier, **3.00**

Y'a du soleil dans votre assiette, Georget-Berval-Gignac, **3.00**

DOCUMENTS, BIOGRAPHIE

Acadiens (Les), E. Leblanc, **2.00**

Bien-pensants (Les), P. Berton, **2.50**

Blow up des grands de la chanson, M. Maill, **3.00**

Bourassa-Québec, R. Bourassa, **1.00**

Camillien Houde, H. Larocque, **1.00**

Canadians et nous (Les), J. De Roussan, **1.00**

Ce combat qui n'en finit plus, A. Stanké,-J.L. Morgan, **3.00**

Charlebois, qui es-tu?, B. L'Herbier, **3.00**

Chroniques vécues des modestes origines d'une élite urbaine, H. Grenon, **3.50**

Conquête de l'espace (La), J. Lebrun, 5.00

Des hommes qui bâtissent le Québec, collaboration, 3.00

Deux innocents en Chine rouge, P.E. Trudeau, J. Hébert, 2.00

Drapeau canadien (Le), L.A. Biron, 1.00

Drogues, J. Durocher, 2.00

Egalité ou indépendance, D. Johnson, 2.00

Epaves du Saint-Laurent (Les), J. Lafrance, 3.00

Etat du Québec (L'), collaboration, 1.00

Félix Leclerc, J.P. Sylvain, 2.00

Fabuleux Onassis (Le), C. Cafarakis, 3.00

Fête au village, P. Legendre, 2.00

FLQ 70: Offensive d'automne, J.C. Trait, 3.00

France des Canadiens (La), R. Hollier, 1.50

Greffes du coeur (Les), collaboration, 2.00

Hippies (Les), Time-coll., 3.00

Imprévisible M. Houde (L'), C. Renaud, 2.00

Insolences du Frère Untel, F. Untel, 1.50

J'aime encore mieux le jus de betteraves, A. Stanké, 2.50

Juliette Béliveau, D. Martineau, 3.00

La Bolduc, R. Benoit, 1.50

Lamia, P.T. De Vosjoli, 5.00

L'Ermite, L. Rampa, 3.00

Magadan, M. Solomon, 6.00

Mammifères de mon pays, Duchesnay-Dumais, 2.00

Masques et visages du spiritualisme contemporain, J. Evola, 5.00

Médecine d'aujourd'hui, Me A. Flamand, 1.00

Médecine est malade, Dr L. Joubert, 1.00

Michèle Richard raconte Michèle Richard, M. Richard, 2.50

Mozart, raconté en 50 chefs-d'oeuvre, P. Roussel, 5.00

Nationalisation de l'électricité (La), P. Sauriol, 1.00

Napoléon vu par Guillemin, H. Guillemin, 2.50

On veut savoir, (4 t.), L. Trépanier, 1.00 ch.

Option Québec, R. Lévesque, 2.00

Pellan, G. Lefebvre, 18.95

Poissons du Québec, Juschereau-Duchesnay, 1.00

Pour entretenir la flamme, L. Rampa, 3.00

Pour une radio civilisée, G. Proulx, 2.00

Prague, l'été des tanks, collaboration, 3.00

Premiers sur la lune, Armstrong-Aldrin-Collins, 6.00

Prisonniers à l'Oflag 79, P. Vallée, 1.00

Prostitution à Montréal (La), T. Limoges, 1.50

Québec 1800, W.H. Bartlett, 15.00

Rage des goof-balls, A. Stanké-M.J. Beaudoin, 1.00

Rescapée de l'enfer nazi, R. Charrier, 1.50

Révolte contre le monde moderne, J. Evola, 6.00

Riopelle, G. Robert, 3.50

Taxidermie, (2e édition), J. Labrie, 4.00

Terrorisme québécois (Le), Dr G. Morf, 3.00

Ti-blanc, mouton noir, R. Laplante, 2.00

Treizième chandelle, L. Rampa, 3.00

Trois vies de Pearson (Les), Poliquin-Beal, 3.00

Trudeau, le paradoxe, A. Westell, 5.00

Une culture appelée québécoise, G. Turi, 2.00

Une femme face à la Confédération, M.B. Fontaine, 1.50

Un peuple oui, une peuplade jamais! J. Lévesque, 3.00

Un Yankee au Canada, A. Thério, 1.00

Vizzini, S. Vizzini, 5.00

Vrai visage de Duplessis (Le), P. Laporte, 2.00

ENCYCLOPEDIES

Encyclopédie de la maison québécoise, Lessard et Marquis, 6.00

Encyclopédie des antiquités du Québec, Lessard et Marquis, 6.00

Encyclopédie des oiseaux du Québec, W. Earl Godfrey, 6.00

Encyclopédie du jardinier horticulteur, W.H. Perron, 6.00

Encyclopédie du Québec, Vol. I et Vol. II, L. Landry, 6.00 ch.

ESTHETIQUE ET VIE MODERNE

Cellulite (La), Dr G.J. Léonard, **3.00**
Charme féminin (Le), D.M. Parisien, **2.00**
Chirurgie plastique et esthétique,
 Dr A. Genest, **2.00**
Embellissez votre corps, J. Ghedin, **2.00**
Embellissez votre visage, J. Ghedin, **1.50**
Etiquette du mariage, Fortin-Jacques,
 Farley, **2.50**
Exercices pour rester jeune, T. Sekely, **3.00**
Femme après 30 ans, N. Germain, **2.50**
Femme émancipée (La), N. Germain et
 L. Desjardins, **2.00**

Leçons de beauté, E. Serei, **1.50**
Savoir se maquiller, J. Ghedin, **1.50**
Savoir-vivre, N. Germain, **2.50**
Savoir-vivre d'aujourd'hui (Le),
 M.F. Jacques, **2.00**
Sein (Le), collaboration, **2.50**
Soignez votre personnalité, messieurs,
 E. Serei, **2.00**
Vos cheveux, J. Ghedin, **2.50**
Vos dents, Archambault-Déom, **2.00**

LINGUISTIQUE

Améliorez votre français, J. Laurin, **2.50**

Anglais par la méthode choc (L'),
 J.L. Morgan, **2.00**

Dictionnaire en 5 langues, L. Stanké, **2.00**

Mirovox, H. Bergeron, **1.00**
Petit dictionnaire du joual au français,
 A. Turenne, **2.00**
Savoir parler, R.S. Catta, **2.00**
Verbes (Les), J. Laurin, **2.50**

LITTERATURE

Amour, police et morgue, J.M. Laporte, **1.00**
Bigaouette, R. Lévesque, **2.00**
Bousille et les Justes, G. Gélinas, **2.00**
Candy, Southern & Hoffenberg, **3.00**
Cent pas dans ma tête (Les), P. Dudan, **2.50**
Commettants de Caridad (Les),
 Y. Thériault, **2.00**
Des bois, des champs, des bêtes,
 J.C. Harvey, **2.00**
Dictionnaire d'un Québécois,
 C. Falardeau, **2.00**
Ecrits de la Taverne Royal, collaboration, **1.00**
Gésine, Dr R. Lecours, **2.00**
Hamlet, Prince du Québec, R. Gurik, **1.50**
Homme qui va (L'), J.C. Harvey, **2.00**
J'parle tout seul quand j'en narrache,
 E. Coderre, **2.00**
Mort attendra (La), A. Malavoy, **1.00**
Malheur a pas des bons yeux,
 R. Lévesque, **2.00**
Marche ou crève Carignan, R. Hollier, **2.00**
Mauvais bergers (Les), A.E. Caron, **1.00**

Mes anges sont des diables,
 J. de Roussan, **1.00**
Montréalités, A. Stanké, **1.00**
Mort d'eau (La), Y. Thériault, **2.00**
Ni queue, ni tête, M.C. Brault, **1.00**
Pays voilés, existences, M.C. Blais, **1.50**
Pomme de pin, L.P. Dlamini, **2.00**
Pour la grandeur de l'homme,
 C. Péloquin, **2.00**
Printemps qui pleure (Le), A. Thério, **1.00**
Prix David, C. Hamel, **2.50**
Propos du timide (Les), A. Brie, **1.00**
Roi de la Côte Nord (Le), Y. Thériault, **1.00**
Temps du Carcajou (Les), Y. Thériault, **2.50**
Tête blanche, M.C. Blais, **2.50**
Tit-Coq, G. Gélinas, **2.00**
Toges, bistouris, matraques et soutanes,
 collaboration, **1.00**
Un simple soldat, M. Dubé, **1.50**
Valérie, Y. Thériault, **2.00**
Vertige du dégoût (Le), E.P. Morin, **1.00**

LIVRES PRATIQUES – LOISIRS

Alimentation pour futures mamans, T. Sekely et R. Gougeon, **3.00**

Apprenez la photographie avec Antoine Desilets, A. Desilets, **3.50**

Bougies (Les), W. Schutz, **4.00**

Bricolage (Le), J.M. Doré, **3.00**

Cabanes d'oiseaux (Les), J.M. Doré, **3.00**

Camping et caravaning, J. Vic et R. Savoie, **2.50**

Cinquante et une chansons à répondre, P. Daigneault, **2.00**

Comment prévoir le temps, E. Neal, **1.00**

Conseils à ceux qui veulent bâtir, A. Poulin, **2.00**

Conseils aux inventeurs, R.A. Robic, **1.50**

Couture et tricot, M.H. Berthouin, **2.00**

Décoration intérieure (La), J. Monette, **3.00**

Fléché (Le), L. Lavigne et F. Bourret, **4.00**

Guide complet de la couture (Le), L. Chartier, **3.50**

Guide de l'astrologie (Le), J. Manolesco, **3.00**

Guide de la haute-fidélité, G. Poirier, **4.00**

8/Super 8/16, A. Lafrance, **5.00**

Hypnotisme (L'), J. Manolesco, **3.00**

Informations touristiques, la France, Deroche et Morgan, **2.50**

Informations touristiques, le Monde, Deroche, Colombani, Savoie, **2.50**

Insolences d'Antoine, A. Desilets, **3.00**

Interprétez vos rêves, L. Stanké, **3.00**

Jardinage (Le), P. Pouliot, **3.00**

J'ai découvert Tahiti, J. Languirand, **1.00**

Je développe mes photos, A. Desilets, **5.00**

Je prends des photos, A. Desilets, **4.00**

Jeux de société, L. Stanké, **2.00**

J'installe mon équipement stéro, T. I et II, J.M. Doré, **3.00 ch.**

Juste pour rire, C. Blanchard, **2.00**

Météo (La), A. Ouellet, **3.00**

Origami I, R. Harbin, **2.00**

Origami II, R. Harbin, **3.00**

Ouverture aux échecs (L'), C. Coudari, **4.00**

Poids et mesures, calcul rapide, L. Stanké, **3.00**

Pourquoi et comment cesser de fumer, A. Stanké, **1.00**

La retraite, D. Simard, **2.00**

Technique de la photo, A. Desilets, **4.00**

Techniques du jardinage (Les), P. Pouliot, **5.00**

Tenir maison, F.G. Smet, **2.00**

Tricot (Le), F. Vandelac, **3.00**

Trucs de rangement no 1, J.M. Doré, **3.00**

Trucs de rangement no 2, J.M. Doré, **3.00**

Une p'tite vite, G. Latulippe, **2.00**

Vive la compagnie, P. Daigneault, **3.00**

Voir clair aux échecs, H. Tranquille, **3.00**

Voir clair aux dames, H. Tranquille, **3.00**

Votre avenir par les cartes, L. Stanké, **3.00**

Votre discothèque, P. Roussel, **4.00**

LE MONDE DES AFFAIRES ET LA LOI

ABC du marketing (L'), A. Dahamni, **3.00**

Bourse, (La), A. Lambert, **3.00**

Budget (Le), collaboration, **3.00**

Ce qu'en pense le notaire, Me A. Senay, **2.00**

Connaissez-vous la loi? R. Millet, **2.00**

Cruauté mentale, seule cause du divorce? (La), Me Champagne et Dr Léger, **2.50**

Dactylographie (La), W. Lebel, **2.00**

Dictionnaire des affaires (Le), W. Lebel, **2.00**

Dictionnaire économique et financier, E. Lafond, **4.00**

Dictionnaire de la loi (Le), R. Millet, **2.50**

Dynamique des groupes, Aubry-Saint-Arnaud, **1.50**

Guide de la finance (Le), B. Pharand, **2.50**

Loi et vos droits (La), Me P.A. Marchand, **4.00**

Secrétaire (Le/La) bilingue, W. Lebel, **2.50**

PATOF

Cuisinons avec Patof, J. Desrosiers, 1.29

Patof raconte, J. Desrosiers, 0.89

Patofun, J. Desrosiers, 0.89

SANTE, PSYCHOLOGIE, EDUCATION

Activité émotionnelle, P. Fletcher, 3.00

Adolescent veut savoir (L'),
Dr L. Gendron, 3.00

Adolescente veut savoir (L'),
Dr L. Gendron, 2.00

Amour après 50 ans (L'), Dr L. Gendron, 2.00

Apprenez à connaître vos médicaments,
R. Poitevin, 3.00

Complexes et psychanalyse,
P. Valinieff, 2.50

Comment vaincre la gêne et la timidité,
R.S. Catta, 2.00

Communication et épanouissement
personnel, L. Auger, 3.00

Contraception (La), Dr L. Gendron, 3.00

Couple sensuel (Le), Dr L. Gendron, $2.00

Cours de psychologie populaire,
F. Cantin, $2.50

Dépression nerveuse (La), collaboration, 2.50

Développez votre personnalité,
vous réussirez, S. Brind'Amour, 2.00

En attendant mon enfant,
Y.P. Marchessault, 3.00

Femme enceinte (La), Dr R. Bradley, 2.50

Femme et le sexe (La), Dr L. Gendron, 2.00

Guérir sans risques, Dr E. Plisnier, 3.00

Guide des premiers soins, Dr J. Hartley, 3.00

Guide médical de mon médecin de famille,
Dr M. Lauzon, 3.00

Homme et l'art érotique (L'),
Dr L. Gendron, 2.00

Langage de votre enfant (Le),
C. Langevin, 2.50

Maladies transmises par relations sexuelles,
Dr L. Gendron, 2.00

Maman et son nouveau-né (La),
T. Sekely, 3.00

Mariée veut savoir (La), Dr L. Gendron, 2.00

Ménopause (La), Dr L. Gendron, 2.00

Merveilleuse Histoire de la naissance (La),
Dr L. Gendron, 4.50

Madame est servie, Dr L. Gendron, 2.00

Parents face à l'année scolaire (Les),
collaboration, 2.00

Pour vous future maman, T. Sekely, 2.00

Quel est votre quotient psycho-sexuel,
Dr L. Gendron, 2.00

Qu'est-ce qu'un homme, Dr L. Gendron, 2.00

Qu'est-ce qu'une femme, Dr L. Gendron, 2.50

15/20 ans, F. Tournier et P. Vincent, 4.00

Relaxation sensorielle (La), Dr P. Gravel, 3.00

Sexualité (La), Dr L. Gendron, $2.00

Volonté (La), l'attention, la mémoire,
R. Tocquet, 2.50

Vos mains, miroir de la personnalité,
P. Maby, 3.00

Votre écriture, la mienne et celle des
autres, F.X. Boudreault, 1.50

Votre personnalité, votre caractère,
Y. Benoist-Morin, 2.00

Yoga, corps et pensée, B. Leclerq, 3.00

Yoga, santé totale pour tous,
G. Lescouflair, 1.50

Yoga sexe, Dr Gendron et S. Piuze, 3.00

SPORTS (collection dirigée par Louis Arpin)

ABC du hockey (L'), H. Meeker, 3.00

Aérobix, Dr P. Gravel, 2.50

Aïkido, au-delà de l'agressivité,
M. Di Villadorata, 3.00

Armes de chasse (Les), Y. Jarretie, 2.00

Baseball (Le), collaboration, 2.50

Course-Auto 70, J. Duval, 3.00

Courses de chevaux (Les), Y. Leclerc, 3.00

Devant le filet, J. Plante, 3.00

Golf (Le), J. Huot, 2.00

Football (Le), collaboration, 2.50

Football professionnel, J. Séguin, 3.00

Guide de l'auto (Le) (1967), J. Duval, 2.00
(1968-69-70-71), 3.00 chacun

Guide du judo, au sol (Le), L. Arpin, **3.00**
Guide du judo, debout (Le), L. Arpin, **4.00**
Guide du self-defense (Le), L. Arpin, **4.00**
Guide du ski: Québec 72, collaboration, **2.00**
Guide du ski 73, Collaboration, **2.00**
Guide du trappeur,
  P. Provencher, **3.00**
Initiation à la plongée sous-marine,
  R. Goblot, **5.00**
J'apprends à nager, R. Lacoursière, **4.00**
Karaté (Le), M. Mazaltarim, **4.00**
Livre des règlements, LNH **1.00**
Match du siècle: Canada-URSS,
  D. Brodeur, G. Terroux, **3.00**
Mon coup de patin, le secret du hockey,
  J. Wild, **3.00**
Natation (La), M. Mann, **2.50**
Natation de compétition, R. LaCoursière, **3.00**
Parachutisme, C. Bédard, **4.00**

Pêche au Québec (La), M. Chamberland, **3.00**
Petit guide des Jeux olympiques,
  J. About-M. Duplat, **2.00**
Puissance au centre, Jean Béliveau,
  H. Hood, **3.00**
Ski (Le), W. Schaffler-E. Bowen, **3.00**
Soccer, G. Schwartz, **3.50**
Stratégie au hockey (La), J.W. Meagher, **3.00**
Surhommes du sport, M. Desjardins, **3.00**
Techniques du golf,
  L. Brien et J. Barrette, **3.50**
Tennis (Le), W.F. Talbert, **2.50**
Tous les secrets de la chasse,
  M. Chamberland, **1.50**
Tous les secrets de la pêche,
  M. Chamberland, **2.00**
36-24-36, A. Coutu, **2.00**
Troisième retrait, C. Raymond,
  M. Gaudette, **3.00**
Vivre en forêt, P. Provencher, **4.00**

Ouvrages parus a
L'ACTUELLE
JEUNESSE

Crimes à la glace, P.S. Fournier, **1.00**
Echec au réseau meurtrier, R. White, **1.00**
Engrenage, C. Numainville, **1.00**
Feuilles de thym et fleurs d'amour,
  M. Jacob, **1.00**
Lady Sylvana, L. Morin, **1.00**
Moi ou la planète, C. Montpetit, **$1.00**

Porte sur l'enfer, M. Vézina, **1.00**
Silences de la croix du Sud (Les),
  D. Pilon, **1.00**
Terreur bleue (La), L. Gingras, **1.00**
Trou, S. Chapdelaine, **1.00**
22,222 milles à l'heure, G. Gagnon, **1.00**

Ouvrages parus a
L'ACTUELLE

Aaron, Y. Thériault, **2.50**
Agaguk, Y. Thériault, **3.00**
Allocutaire (L'), G. Langlois, **3.00**
Bois pourri (Le), A. Maillet, **2.50**
Carnivores (Les), F. Moreau, **2.00**

Carré Saint-Louis, J.J. Richard, **3.00**
Centre-ville, J.-J. Richard, **3.00**
Cul-de-sac, Y. Thériault, **3.00**
Danka, M. Godin, **3.00**
Demi-civilisés (Les), J.C. Harvey, **3.00**
Dernier havre (Le), Y. Thériault, **2.50**

Domaine de Cassaubon (Le),
  G. Langlois, **3.00**
Dompteur d'ours (Le), Y. Thériault, **2.50**
Doux Mal (Le), A. Maillet, **2.50**
D'un mur à l'autre, P.A. Bibeau, **2.50**
Et puis tout est silence, C. Jasmin, **3.00**
Fille laide (La), Y. Thériault, **3.00**
Jeu des saisons (Le),
  M. Ouellette-Michalska, **2.50**
Marche des grands cocus (La),
  R. Fournier, **3.00**
Monsieur Isaac, N. de Bellefeuille et
  G. Racette, **3.00**
Mourir en automne, C. DeCotret, **2.50**
Neuf jours de haine, J.J. Richard, **3.00**

N'Tsuk, Y. Thériault, **2.00**
Ossature, R. Morency, **3.00**
Outaragasipi (L'), C. Jasmin, **3.00**
Petite Fleur du Vietnam, C. Gaumont, **3.00**
Pièges, J.J. Richard, **3.00**
Porte Silence, P.A. Bibeau, **2.50**
Requiem pour un père, F. Moreau, **2.50**
Scouine (La), A. Laberge, **3.00**
Tayaout, fils d'Agaguk, Y. Thériault, **2.50**
Tours de Babylone (Les), M. Gagnon, **3.00**
Vendeurs du Temple, Y. Thériault, **3.00**
Visages de l'enfance (Les), D. Blondeau, **3.00**
Vogue (La), P. Jeancard, **3.00**

Ouvrages parus aux
PRESSES
LIBRES

Amour (L'), collaboration, **6.00**
Amour humain (L'), R. Fournier, **2.00**
Anik, Gilan, **3.00**
Anti-sexe (L'), J.P. Payette, **3.00**
Ariâme . . .Plage nue, P. Dudan, **3.00**
Assimilation pourquoi pas? (L'),
  L. Landry, **2.00**
Aventures sans retour, C.J. Gauvin, **3.00**
Bateau ivre (Le), M. Metthé, **2.50**
Cent Positions de l'amour (Les),
  H. Benson, **4.00**
Comment devenir vedette, J. Beaulne, **3.00**
Couple sensuel (Le), Dr L. Gendron, **2.00**
Des Zéroquois aux Québécois,
  C. Falardeau, **2.00**
Emmanuelle à Rome, 5.00
Femme au Québec (La),
  M. Barthe et M. Dolment, **3.00**
Franco-Fun Kébecwa, F. Letendre, **2.50**
Guide des caresses, P, Valinieff, **3.00**
Incommunicants (Les), L. Leblanc, **3.00**
Initiation à Menke Katz, A. Amprimoz, **1.50**
Joyeux Troubadours (Les), A. Rufiange, **2.00**
Ma cage de verre, M. Metthé, **2.50**
Maria de l'hospice, M. Grandbois, **2.00**
Menues, dodues, Gilan, **3.00**

Mes expériences autour du monde,
  R. Boisclair, **3.00**
Mine de rien, G. Lefebvre, **2.00**
Monde agricole (Le), J.C. Magnan, **3.50**
Négresse blonde aux yeux bridés,
  C. Falardeau, **2.00**
Paradis sexuel des aphrodisiaques (Le),
  M. Rouet, **4.00**
Plaidoyer pour la grève et la contestation,
  A. Beaudet, **2.00**
Positions +, J. Ray, **3.00**
Pour une éducation de qualité au Québec,
  C.H. Rondeau, **2.00**
Québec français ou Québec québécois,
  L. Landry, **2.00**
Rêve séparatiste, L. Rochette, **2.00**
Salariés au pouvoir (Les), Frap, **1.00**
Séparatiste, non, 100 fois non!
  Comité Canada, **2.00**
Teach-in sur l'avortement,
  Cegep de Sherbrooke, **3.00**
Terre a une taille de guêpe (La),
  P. Dudan, **3.00**
Tocap, P. de Chevigny, **2.00**
Virilité et puissance sexuelle, M. Rouet, **3.00**
Voix de mes pensées (La), E. Limet, **2.50**

Diffusion Europe

Vander, Muntstraat 10, 3000 Louvain, Belgique

CANADA	BELGIQUE	FRANCE
$2.00	100 FB	12 F
$2.50	125 FB	15 F
$3.00	150 FB	18 F
$3.50	175 FB	21 F
$4.00	200 FB	24 F
$5.00	250 FB	30 F
$6.00	300 FB	36 F